What
Makes
Civilization
?

David Wengrow

文明拂晓时

[英] 大卫·温格罗　著
蔡琼华　译

中信出版集团 | 北京

图书在版编目（CIP）数据

文明拂晓时 /（英）大卫 · 温格罗著；蔡琼华译 .
北京：中信出版社，2025.8.--ISBN 978-7-5217
-7804-5

Ⅰ. K851

中国国家版本馆 CIP 数据核字第 20256Z1G55 号

文明拂晓时
著者：［英］大卫 · 温格罗
译者：蔡琼华
出版发行：中信出版集团股份有限公司
（北京市朝阳区东三环北路 27 号嘉铭中心　邮编　100020）
承印者：河北鹏润印刷有限公司

开本：880mm×1230mm 1/32　印张：8　字数：146 千字
版次：2025 年 8 月第 1 版　印次：2025 年 8 月第 1 次印刷
京权图字：01–2025–2500　书号：ISBN 978–7–5217–7804–5
审图号：GS（2025）2156 号（本书中插附地图系原文插附地图）
定价：78.00 元

致艾比盖尔，一切皆有可能……

目录 Contents

PART TWO

第二部分

遗忘旧制度

年代图表

公元前	埃及	叙利亚–巴勒斯坦	美索不达米亚	伊朗	中亚	波斯湾	印度河流域
9000 年 8000 年 7000 年	狩猎–捕鱼–采集者 （撒哈拉沙漠地区开始使用陶器）	新石器时代前陶器时期 （出现常驻村庄，谷物种植，绵羊、山羊、牛的放牧；农业开始向塞浦路斯的海上扩展）			大草原上的狩猎–采集者	狩猎–捕鱼–采集者 海平面上升 贝冢 （使用风帆？）	狩猎–捕鱼–采集者
6000 年 5000 年	尼罗河流域 新石器时代 （埃及至喀土穆的流动牧民）	新石器时代陶器时期 （开始使用印章和彩绘的陶瓷；开始在美索不达米亚南部和伊朗高原进行小规模灌溉）					（瘤牛的驯化） 新石器时代
4000 年 犁耕农业在欧亚大陆以及埃及普及 3000 年	（尼罗河三角洲的谷物种植，至公元前 4000 年向南传播） 前王朝时期 （城市化、圣书体）	欧贝德时期 （复杂的金属加工、木本作物、羊毛纺织品） 乌鲁克时期 ←（城市化，“乌鲁克扩张”）→ 沿黎凡特海岸和红海航行	美索不达米亚南部地区的楔形文字	驮驴和轮式运输工具	高加索 新石器时代 （黑海大草原马的驯化？） （畜牧经济、复杂冶金学、轮式交通工具）	新石器时代 （欧贝德文化海上传播） “黑暗千年” （废弃遗址）	（谷物种植，牛、绵羊、山羊的畜牧）
2000 年	古王国时期	（埃卜拉王国；比布鲁斯与埃及的贸易往来）	早王朝时期	原始埃兰时期 （城市化）	大草原上的库尔干墓葬 巴克特里亚–马尔吉亚纳文明体 （“绿洲”城市）	阿曼的乌姆阿尔纳尔墓群 早期迪尔蒙 （城市化）	哈拉帕 （城市化，印度河文字） 恒河窖藏区
1000 年	中王国时期 新王国时期	（迦南城邦）	古巴比伦时期 加喜特王朝时期 / 中亚述时期	古–中埃兰时期			

中文版序

Preface to the Chinese Edition

在千禧年到来之时，中东地区——农耕的发明地、最早的城市和世界上最早的文学创作的诞生地[①]——的人们面临着一个变化莫测的未来。自第二次世界大战以来，欧亚大陆上出现了前所未有的大规模破坏和流离失所的情况。民族和宗教社区错综复杂的关系被拆解，如同古老织锦的丝线被迫分离。悠久而壮丽的珍贵景观沦为废墟；图书馆和档案馆被焚毁殆尽；博物馆和历史遗址被洗劫一空，其藏品则被出售牟利。在中东的许多地方，新兴的国际化的中产阶级数量急剧减少，来之不易的公民社会成为空壳。所有这一切都发生在欧盟的家门口：欧盟的边境抵御着中东地区受害者的涌入，这使得欧盟陷入了痛苦的自我怀疑。

① 农业有多个独立的起源中心。最新研究显示，中国浦江上山文化在一万年前已经驯化水稻，东亚和西亚几乎同时开启了农耕文明。——译者注

现代历史表明，欧洲的命运与中东的命运密不可分。后代将如何看待这种关系？一些政治评论家、历史学家和社会学家（往往是那些更有影响力的人）试图让我们相信，自奥斯曼帝国灭亡以来，中东地区的四分五裂和衰落是欧洲从零散的公国崛起成为全球超级力量的必要前提。这些专家认为，中东及其人民的持续孤立是我们为西方安全所必须付出的代价。只要中东国家能确保天然气和原油的稳定跨洲流动，只要欧洲能与该地区较为激进的不满者保持安全距离，那么欧洲就可以对中东国家的内部野蛮行径睁一只眼闭一只眼，甚至默许支持（我将在第一章阐述关于这些态度的历史背景）。

然而，倘若“西方”任由中东成为其想象中的“未知之地”（一个由古代遗迹、现代狂热分子和缓慢燃烧的油田组成的遥远而媒体化的景观），这种“文明的冲突”（必然是最糟糕的情况）只会成为持久的地缘政治现实。这本书是为那些想要深入探究中东历史的人准备的。其中介绍的历史超越了国家的兴衰，回到了文明的根基。在接下来的章节中，我所说的“文明”将有别于当前的大多数用法，即将古埃及和美索不达米亚（位于现代的伊拉克和叙利亚）与其他古代政体（如商朝时期的中国或古典期的玛雅）进行比较，把它们定义为“早期文明”。这些比较实际上指的并不是字面意义上的文明，而是中央集权政府、君主制、有完整体系的官僚机构、税收、常备军甚至奴隶制的兴起——简而言之，是由自上而下的管理和暴力维系的社会和文化世界的出现。然而，还有另一种定义文明的方式，更接近这个词的拉丁词根（civilis），它指的是社会通过自愿联合的过程组织起来的方式：自下而上的文明，而不是自上而下的文明。在这种情况下，文明的定义不是一个政治单位（王国、哈里发或帝国）；也不是一系列技术成就（文字、数学、天文学系统、不朽的艺术和建筑、复杂的冶金、犁、帆等）。相反，它指的是社会即使在种族、语言、信仰体系或领土归属不同的情况下，依然可以形成道德共同体（一个交流和互动的广阔领域）的能力。从这个意义上讲，"文明"在中东的历史远比最早的君主国和帝国要深远得多；但正如我接下来要讨论的，它们也为那些古代超级大国的崛起提供了文化环境。

在本书的第一部分，我认为埃及和美索不达米亚的早期社会（常在相互孤立的情况下被研究和介绍），实际上产生于一个共同的"文明之锅"。这一术语的选择在一定程度上反映了烹饪习俗（一直是社会生活的晴雨表）在本书论述中的重要性。"文明之锅"还让人联想到大河流域的王国与周边沙漠和高原上人数较少的民族之间密切的相互依存关系。这些居住在高山、山麓和高原上的居民（我们对他们的了解主要是通过他们识字的邻居那带有戒备的眼光）为文化组合增添了新的重要成分：他们为低地人口众多的城市提供珍贵的材料——金属、矿物、虹彩宝石、上等木材和香料，以供养和安抚他们的神灵。沿着这些互动的足迹，我们将从遥远的阿富汗高地来到特洛伊城墙，从印度河流域的城市来到波斯湾的港口，并进入尼罗河和幼发拉底河洪泛平原上王权的内部圣殿。

在研究这些联系时，我暂且搁置了王朝继承、国王和王室兴衰的细节。虽然这些细节构成了许多其他古代近东历史的内容和结构，但对于本文所尝试描绘的历史而言，它们只是次要的。此外，我强调文明发展模式的连续性，这种连续性超越了我们对“史前”时期和“历史”时期（或无文字社会和有文字社会）的传统区分。然而，谈论文明并不仅仅是为了描述过去，而是为了思考我们现在生活的社会有哪些不同之处，以及它们是如何借鉴过去的传统和早期文明模式的。在第二部分中，我将探讨古代近东留给现代世界的遗产，尤其是它在西方人想象中的矛盾地位：它既是我们文明的终极源泉，又是被摒弃的另一个自我。

本书的英文版第一版出版于 2010 年。中东地区这些年来发生了翻天覆地的变化，这也意味着本书的结尾部分现在有了不同的语境。特别是第十章（“被摧毁的制度：法国大革命时期的埃及”）所涉及的主题，虽然主要关注的是拿破仑时代的重要事件，但以一种新的方式与现在的中东社会的重大事件产生了共鸣——比如“阿拉伯之春”的浪潮，以及随后在大多数要求进行宪法改革的中东国家发生的运动。自那时起，被称为“达伊沙”或 ISIS（“伊斯兰国”）的激进团体高度组织化，其势力闪电般崛起，这是另一个在中东发展的重大政治事态。2014 年夏天，当他们的叛乱分子控制摩苏尔市时，我正在伊拉克库尔德斯坦，在繁华的边境小镇哈莱卜杰附近完成了一季的发掘工作。我们的项目是调查本书（第四章）所说的“（第一个）地球村”时代的开端：从农耕起源到最早的城市出现之间的那个非凡时期。当时中东地区村落一级的社会催生了许多创新。我们现在将这些创新和“城市化”一词联系在一起。

2014 年之后，ISIS 武装分子对文化遗产进行了破坏，尤其是对世界文化遗址巴尔米拉（这座古老的商队城市曾是沃尔内伯爵对“帝国的废墟”进行沉思的文学背景，见本书第十章）进行了大规模攻击。此后，不断有对该事件进行公共评价的请求。与许多其他研究人员一样，我在做出回答时左右为难。2016 年春天发生的一系列出人意料的事件更是让人矛盾重重，欲言又止。当俄罗斯支持的解放行动（后来证明这也只是暂时的）刚刚结束时，巴尔米拉古城忽然间成了东道主，迎来了马林斯基交响乐团的演出。在此之前，在 ISIS 的占领下，巴尔米拉古城的罗马剧院曾是令人毛骨悚然的暴行发生地，其中包括对古城首席考古学家的杀害。而在古城收复之后，主要由士兵组成的观众坐在这里观看一场精心编排的、旨在诠释一种“文明”理念的古典音乐会。

历朝历代，巴尔米拉都向各种外来神灵敞开大门：无论是巴比伦的贝尔（守护神）、沙玛什（太阳神）和伊什塔尔（自然和丰收女神），还是大马士革的哈达德（风暴之神）和他的神妃阿塔伽提斯（生育女神），或者是腓尼基海岸城邦的巴尔夏明（天神）、阿斯塔特（丰饶女神）和梅尔卡特（守护神）。伟大的历史学家米哈伊尔·罗斯托夫采夫写道：“巴尔米拉这座奇特城市的一切都很奇特。”然而，也许没有什么能像 2015—2016 年发生的事件那样奇特或不可预见。对我和许多其他人来说，在一座叙利亚古城美丽的残垣断壁中演奏普罗科菲耶夫的作品，似乎并不能被称为“文明”，因为与此同时，北面的阿勒颇的居民正在遭受着攻击。如今，深陷困境的古代近东遗迹也许比以往任何时候都更像一个警示：为了守护自己选择的生活方式，人们甘愿承受多大的牺牲；任何文化传统都存在着无节制扩张的潜力；以及在被误导的文明观念祭坛上可能会洒下多少鲜血。

就在我为这本书的中文版撰写序言的时候，前文概述的文明危机已经蔓延到了欧洲。在俄乌冲突中，石油、天然气和煤炭也被武器化。在英国，我们依然依赖化石燃料维持我们熟悉的生活方式。这种依赖不仅导致生态危机，同时也成为国际社会面临的政治桎梏。在本书章节中，读者会发现当前这种瘫痪状态的深层根源：我们是如何被卷入世界秩序的，暴力和统治关系又是如何在其中正常化的（或者简单地说，“我们是如何被困住的”，正如大卫·格雷伯和我在《人类新史》中所写的那样，该书于2024年在中国出版）。

在欧亚大陆和北非，古埃及和美索不达米亚社会首先通过砍伐森林和大量开采矿产，对环境造成了灾难性的破坏。20世纪中叶的学者［如亨利·富兰克弗特（Henri Frankfort）和托基尔·雅各布森（Thorkild Jacobsen）］倾向于从浪漫的角度来看待古代近东的宗教和哲学体系，认为它们与自然世界和谐共存。然而现代考古学表明，事实远非如此。尽管埃及和美索不达米亚青铜时代的信仰体系具有“生机论”（vitalist）的宇宙观，其把思想和行动的特质赋予了自然元素、动物和植物，但它们支持扩张主义和掠夺政策，这些政策是各自社会的王朝精英所追求的。

本书认为，在古王国时期的埃及和早王朝时期的美索不达米亚发生的事情是，追求这些宇宙观所提出的价值形式的欲望变得无可救药，产生了无休止的地理扩张需求——包括所有“已知世界”——并将这些社会变成巨大的积累引擎，囤积其所需的奇珍异宝，以便在中心地带实现相同的价值。在这些社会内部，物质攫取及其支撑的社会等级制度被诠释为文明存续的必要条件，即表现为供养神灵的需要，后来又转变为照顾王室祖先的要求：为这些至高无上的存在提供住所、衣物和食物。但神灵的需求永无满足之日，人们的供奉也从无停歇之时。在这里，我们可以窥见某种文明进程的滥觞，这个过程最终演变为现代文明庞大的供应链和烦琐的基础设施，以及随之出现的明显的不平等。同样的过程也巩固了复杂的阶级制度、官僚机构，催生了反复发生的战争，导致了帝国崛起和衰亡的循环往复。而我们似乎无法摆脱这样的宿命。

D. Wengrow

2025 年 5 月 21 日于伦敦

序言和致谢 Preface & Acknowledgements

80 年前，英国外交官兼考古学家格特鲁德·贝尔（Gertrude Bell）创建了伊拉克考古博物馆（即今天的伊拉克国家博物馆的前身）。2003 年，这座位于巴格达的博物馆遭到洗劫，英国报纸称这代表着“历史的死亡”，原因不言自明。大约 12000 年前，在最后一个冰期结束后，人类历史上一系列前所未有的惊人变化出现于中东地区。这些变化塑造了中东直至今日的发展轨迹。公元前 8000 年，世界上第一批大规模永久定居点在这里建立，随之而来的还有对最早的谷类作物和家畜的驯化。在接下来的数千年里，农业扩展到中东的邻近地区，包括地中海和欧洲北部地区。但在中东本地，几千年来农业的进一步发展将仍与欧洲大部分地区大相径庭。公元前 4000 年，在今天的伊拉克境内，底格里斯河和幼发拉底河沿岸出现了若干规模宏大、结构复杂的城市。公元前 3300 年左右，最早的文字系统在该地区（历史学家称之为古美索不达米亚）出现。这一发明和西边埃及尼罗河沿岸遥相呼应。几乎在同一时间，那里也出现了一种独特的文字。

这本书重新审视了人类社会和技术领域发生的这些重大变化，以及伴随的许多其他变化，但主要关注公元前 3000 年至公元前 2300 年之间的时期——在这一时期，以现在的埃及和伊拉克为中心的两个强大王国平行崛起，但各自的发展形式截然不同。它们是人类历史上最早出现的、真正大规模的政治实体，也是当时的超级大国。在更为天真的时代，考古学家和古代历史学家将它们的出现称为“古代近东文明的诞生”。即使这个短语的壮丽辉煌之感已不再能够打动人，我们对古代近东作为“文明发源地”的依恋仍然一如既往，因为我们的社会奠基于此。

然而，古代近东在获得这些积极评价的同时，也在人们的回忆里有另一个版本：一个陌生且有时荒诞的世界。在这里，我们探究自己对现代文明抱有的不满情绪；在这里，神圣王权的魅力依然可感，遥远而深不可测的诸神意志掌控着人类的命运。如今，大多数人更可能通过好莱坞电影或威廉·布拉蒂（William Blatty）的小说《驱魔人》（*The Exorcist*）来了解古埃及和美索不达米亚，而不是通过影响上一代人的希腊-罗马和圣经的文学。这些虚构的电影和小说构成了一个充斥着行走的木乃伊、占有欲极强的恶魔和贵族吸血鬼的世界，它们大都拥有同一个主题：令人不安的力量自王朝神权统治时代而来，入侵了西方资产阶级的身体。这些表述的连贯性和对公众的吸引力肯定不仅仅源自人类对恐怖事物的迷恋，还暗示着我们对现代生活方式和“西方”完整性的深层不安全感。但它们从何而来？

本书的第二部分涉及古代近东在现代的接受情况。我追溯了这些熟悉的比喻的文化渊源，一直追溯到革命时期的欧洲王朝国家和神圣王权的衰落。关于“东方”和“西方”的概念对立，已经有很多论述：它起源于古典时期，伴随着古代波斯和希腊之间的战争，并延伸到近代的帝国计划中。但是，古代近东重新浮现在现代西方意识中，也有另一个维度。我认为这更多地与欧洲社会的内部需求有关。在那个时候，共和派希望迎来新的政治时代，却受到王朝权威这一沉重遗产的威胁。

这个我称为“遗忘旧制度”的过程，可以从牛顿关于尼罗河和幼发拉底河流域王权起源的著作中窥见一斑。他的这些著作写于 1688 年“光荣革命”之后。这个“遗忘旧制度”的过程后来又出现在沃尔内伯爵（Comte de Volney）在 1791 年出版的《废墟：或对帝国革命和自然法则的思考》一书中，其中“古代东方的废墟”被视作欧洲君主制衰落的寓言。卢浮宫的早期历史也许是这个衰落过程最具体的体现。当时它正经历着从王宫到欧洲第一家国立博物馆的革命性转变。自17世纪以来，古埃及的木乃伊一直是巴黎的街头一景，但谁能想到它们会作为公共景观陈列在这波旁王朝的旧居中？曾经，臣民聚集于此，只为接受“国王触摸”（royal touch）的神奇治愈力量。

如果这些展示和新旧交替的效果是为了让我们确信一点，即我们已经跨过了“早期文明”的门槛，进入某种更“现代”的状态，那么面对那些我们认为遥不可及的古代社会，潜入其表面之下、审视它们的真实本质就变得尤为重要。接下来，我将对古代近东的历史进行研究，并对我们所处的当代以及“文明”概念本身进行反思。

* * *

人们常被告知，文明是规模宏大、持续时间长的实体，其运作范围超越了单一的民族国家。然而正是民族国家会以文明的名义发动战争，并经常要求人们做出牺牲，以便我们熟悉的文明形式（我们的生活方式）得以延续，不会沦为历史。在这种冲突的动荡中，我们很难甚至不可能摆脱眼前的困境，去思考我们在捍卫什么：是抽象的价值观，如自由和民主，还是具体的现实，比如我们日常生活中展示和打扮身体的方式，或者我们应对死亡的方式？

答案似乎总是两者的综合。抽象概念不会以抽象的方式，而是通过具体的实践来显露和传播自身。具体的实践指的是具有自身历史和传播方式的生产方式和行为模式。有人曾以早期现代欧洲为例指出，日常实践（烹饪和饮食的风尚、家庭生活和身体举止的方式、纯净或污染的概念）是构筑更大规模文明的真正“材料”。但在评估早期文明时，我们倾向于强调技术创新（如文字和复杂的冶金学）或纪念性成就（如国王的金字塔和庙宇）的“奇迹”性质，却忽视日常行为的缓慢转变，以及成就这些“奇迹”的更广泛的社会和技术背景。

本书第一部分（第一至八章）提出了一个涉及社会和技术环境的关键论点。我认为，当我们将埃及和美索不达米亚作为平行发展的两个文明来考虑时，不能简单认为它们的发展截然不同且泾渭分明。在此，我反对以下观点——它清晰地呈现在塞缪尔·亨廷顿（Samuel Huntington）于 1996 年发表的关于（现代）文明“冲突”的著名论文中。这种观点同时也反映出一种更普遍的思考倾向，即认为古代世界是彼此孤立的，仿佛孤立是过去社会的自然状态；仿佛古代文明之间的互动是断断续续的、例外的；仿佛它们只是一系列“偶然的遭遇”，而不是其构成中不可或缺的一部分。与亨廷顿的观点相反，我认为埃及和美索不达米亚社会都受益于一个共同的“文明之锅”。我选择这个术语，是因为它部分反映了烹饪实践的重要性（烹饪始终是很好地反映社会生活的晴雨表）。但它也描述了那些“大王国”与周边不同群体之间的紧密依存关系，这些群体不断为混合的“大锅”注入新的、重要的原料，为中心提供珍贵之物（金属、彩色宝石、优质木材和香品）以供养和取悦神灵。

“文明”这个词如果要保留，那么应该指称的是各个社会之间交流与借鉴的历史成果，而非将一个社会与另一个社会区分开来的过程或属性。沿着这些互动的轨迹，我们一路追溯，从阿富汗偏远的高原来到特洛伊的城墙，从印度河流域的城市来到波斯湾的港口，并深入尼罗河和幼发拉底河泛滥平原上的王国权力中心。我从幸存下来的物品、图像和文本的零散分布中“挖掘”和追寻这些联系时，撇开了王朝更替的细节（国王和王室的兴衰），这些对于本书所探讨的历史并不重要。此外，文明发展模式中的连续性让我感到震惊，这种连续性超越了有关无书面记录的史前时期和有书面记录的历史时期（或无文字社会和有文字社会）的传统区分。

然而，谈论“文明”不仅仅是为了描述过去，也是为了反思我们所生活的社会彼此之间有何不同，又有何关联，以及它们的未来在多大程度上与它们（从以前的时代和早期文明形式）继承的传统有关。因此，在本书的最后两章（第九、十章），我继续探讨了文化采借这一主题，但重点在于古代近东的遗产及现代欧洲对其带有矛盾心理的接受。借助公元16至19世纪的历史证据，我思考的是：古代近东遗迹，尤其是古埃及的物质遗迹，如何成为我们现代文化景观中如此重要的组成部分。对于亨廷顿这样的评论家来说，“早期文明”已经“消亡”并“埋葬在时间的沙尘中”。但正如这两章所揭示的，它们也令人惊讶地出现在近期历史的紧要关头，以及那些定义了我们未来的重要历史时刻（不管是在知识分子的头脑里还是城市的街道上）。

在进一步展开论述之前，我要表达我的感激之情。首先要感谢牛津大学出版社的凯瑟琳·里夫（Katherine Reeve），是她最早建议我写一本关于古代近东的书。还要感谢卢西亚娜·奥弗莱厄蒂（Luciana O'Flaherty）以及特别是同样来自牛津大学出版社的马修·科顿（Matthew Cotton），是他们指导我完成了这本书。我还要感谢伦敦大学学院考古研究所的工作人员和学生，他们中的许多人有意或无意地帮助我形成了本书提出的想法。许多人为我慷慨花费时间阅读和评论了不同类型的草稿。特别要感谢苏珊·谢拉特（Susan Sherratt）、尼尔·阿舍森（Neal Ascherson）、斯蒂芬·夸克（Stephen Quirke）、埃莉诺·罗布森（Eleanor Robson）、哈丽雅特·克劳福德（Harriet Crawford）、诺曼·约菲（Norman Yoffee）、安德鲁·贝文（Andrew Bevan）、蒂姆·沙德拉-霍尔（Tim Schadla-Hall）、科琳娜·里瓦（Corinna Riva）和斯蒂芬·申南（Stephen Shennan）。所有人都知道我始终对安德鲁·谢拉特（Andrew Sherratt）和罗杰·穆雷（Roger Moorey）的工作心怀感激。布莱达·迪林（Bleda Düring）向我推荐了德国皇帝威廉二世（Kaiser Wilhelm）关于王权起源的著作。温迪·蒙克豪斯（Wendy Monkhouse）推荐了牛顿的著作。迈克尔·罗兰兹（Michael Rowlands）对文明史的兴趣与我不谋而合，他慷慨地帮助我思考这本书的目的。与此同时，他与多利安·富勒（Dorian Fuller）的合作也为我的创作提供了直接的灵感。在写作的最后阶段，穆库利卡·班纳吉（Mukulika Banerjee）一直陪伴我左右，为我提供了许多灵感。玛丽·谢泼森（Mary Shepperson）用心绘制了地图，奥古斯塔·麦克马洪（Augusta McMahon）、维尔玛·韦特斯特罗姆（Wilma Wetterstrom）、玛丽-安妮·默里（Mary-Anne Murray）、杰夫·恩伯林（Geoff Emberling）、查克·琼斯（Chuck Jones）、斯图尔特·莱德劳（Stuart Laidlaw）和克日什托夫·恰沃维奇（Krzysztof Ciałowicz）帮忙提供了其他图像。还要感谢诸葛漫（Ghilad Zuckermann）允许我从他的语言发展研究中借用“隐秘的采借”（camouflaged borrowings）一词。我很高兴在这里提及他的贡献。最后，里纳特·科伦（Rinat Koren）为本书出版做了如此多的贡献，远超我的致谢所能及的。我对她的爱与感激无以言表。

引言： Introduction

文明的冲突？

本书关注的主题是近东文明的起源。因此，我们不应讨论抽象的文明是如何形成的。我认为这个问题没有定论，本质上，它属于哲学而非历史范畴。尽管如此，我们即将讨论的内容对这个问题提供了独特的见解。

——亨利·富兰克弗特，《近东文明的起源》（Frankfort，1951）

我们正处于一场全面圣战的中心，也就是说，我们与之交锋的是来自原始文明状态中的人们最顽固的偏见……现在我们已经濒临社会崩溃的边缘，几乎丧失了重建社会的全部基础。

——摘自英国驻巴格达东方事务秘书格特鲁德·贝尔的日记（Bell，1920）

历史学家吕西安·费弗尔（Lucien Febvre）曾这样警告：探寻“文明”的起源无异于着手开展一系列危险的挖掘（sondages hasardeux）。他指的是“文明”模糊不清的词源。“文明”一词在18世纪晚期首次进入欧洲语言体系，彼时正是帝国和革命时代。“文明”在启蒙运动哲学著作中的源头难以追溯。最早的证据来自尼古拉斯–安托万·布朗热（Nicolas-Antoine Boulanger）所著《古代习俗揭秘》（*l'Antiquité dévoilée par ses usages*）第三卷。该书“批判性地审视了地球上不同民族的主要心态仪式、宗教和政治制度”，于1766年（布朗热去世以后）出版。布朗热试图理清人类政治关系的复杂历史，并写下了很多理论性著作，《古代习俗揭秘》就是其中之一。他早先的一部作品《东方专制主义起源研究》（*Recherches sur l'origine du despotisme Oriental,* 1761年）则奠定了这些著作的理论基础。他断言在亚洲社会，无论是古代还是现代，都存在一种与欧洲不同的政治主体。这种主体热衷于自我鞭笞，“亲吻束缚自己的锁链”，并英勇献身，以迎合暴君的意愿。在《古代习俗揭秘》中，布朗热向当时的行政长官提出建议：“当一个野蛮民族变得文明时，我们不应通过制定刻板且不可更改的法律来终结它的文明进程；我们必须使它将赠予它的法律视为一种持续发展的文明形式。”

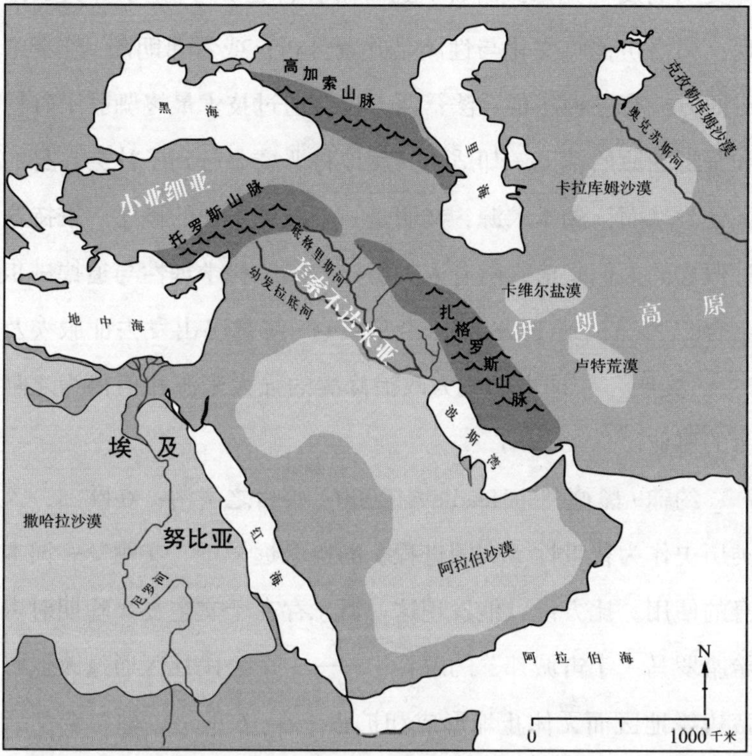

地图 1　古代近东

费弗尔选用的考古学比喻恰如其分。文明的概念始终与追求世界历史的欲望联系在一起。世界历史超越了书面记录，在时间上可以追溯到人类这一物种的起源，在空间上可以涵盖当代人类多样性的方方面面，并且（至少在其早期的表述中）可以延伸到某种更进步的未来状态。今天，我们可能会再次青睐对文明的反乌托邦式解释。这种解释曾在20世纪中叶大量出现：弗洛伊德将文化与性满足并置分析；或者弗朗茨·施泰纳对西方持有一种悲观看法：西方社会通过技术最终驯服了谷物和荒野的原始精灵，却适得其反地将恶魔驱赶到了社会自身的深处。然而，溯本求源，文明是一个极度乐观的概念。秉持这种概念的人们坚信，随着人类历史发展，科学理性与道德进步会合二为一。到1798年，当拿破仑·波拿巴出发去征服埃及时，“文明”一词也已成为政治修辞的强大来源和值得为之献身的事业。

约翰·黑德利（Headley，2000）曾言之凿凿：在欧洲，人类历史作为普世性“文明进程”的概念远早于“文明”一词本身的使用。比方说，他发现这一概念存在于文艺复兴晚期对古希腊罗马“宇宙城邦”的解释中——一个公民社区通过改造野蛮边缘地区而无休止地形成和扩张。在16世纪，耶稣会学者和牧师，如乔瓦尼·博泰罗（Giovanni Botero）和何塞·德·阿科斯塔（José de Acosta）通过改造polis（城邦）和civitas（公民）等古老概念，找到了一个文化指南针，用以定位非基督教世界中新近被“发现”的民族。根据技术特征（例如拥有文字、有组织的永久定居点、纪念性石砌建筑以及用于衣食和垃圾处理的复杂设备），某些异教徒被认为比其他人更接近完全的人，因此更适合接受福音：

何塞·德·阿科斯塔在《论印第安人的获救》中区分了众多“野蛮”状态的文明程度，他借用了两个主要因素：识字率和定居情况，但前者更为重要。根据他的评判标准，中国人显然是识字率和定居水平最高的民族，他们属于“野蛮”人中的第一类；墨西哥人和秘鲁人虽然也定居，但只有最原始的识字能力，属于中间类别；而巴西人和奇奇梅卡人等游牧民族则呈现了一种完全“野蛮”的前社会状态。阿科斯塔根据识字和定居情况，以宗教中立的方式定义了文明程度。他实际上提供了一个脆弱而纤细的壁架，在这上面，人们可以了解更多墨西哥人和印加人广为人知甚至令人钦佩的建筑和社会特征。

当帝国主义在19世纪和20世纪初达到鼎盛状态时，“文明可以在所有人类社会中被量化成不同程度”这一观念大行其道，被认定为科学上可验证的事实。根据肤色和头骨形状等表型特征进行测量和分类的种族类型成为准确指标，用来衡量一个群体或个体在“文明”和“非文明”民族光谱中的位置。古代近东作为文明的“摇篮”或“发源地”的地位在这方面自相矛盾。它参与了现代世界的构成，因此享有崇高的地位。但它也暗示着，之后文明的发展方向已经从古代近东转移到现代西方。在奥斯曼帝国的衰落时期，许多欧洲游客在近东旅行时，都曾写到近东如何遭到忽视，文明如何衰落以及回归到某种更原始的状态。“文明摇篮”这一概念还暗示着有必要对濒危遗产进行外部监管，必要时甚至可以动用武力（毕竟“摇篮”里躺着的是无助的婴儿，而不是能承担责任的成年人）。这既是解释为什么需要将大量古物运往欧洲和美国进行研究和保存，也与当时的政治事件（奥斯曼帝国权威的崩溃和欧洲在该地区军事力量的增长）以及维多利亚时代学者更广泛的学术关切有关，特别是针对种族和帝国征服问题。

芝加哥大学东方研究所创始人詹姆斯·亨利·布雷斯特德（1865—1935）写道：“文明起源于东方，欧洲在那里获得了它。”他认为，近东的历史可以被诠释成印欧人和闪米特人之间的一系列激烈斗争。他们分别来自中亚大草原和阿拉伯沙漠，曾多次在西亚的“新月沃地”汇合。布雷斯特德在1916年写道，他们之间的斗争“仍在继续”。正如历史学家托马斯·舍弗勒（Scheffler，2003）所指出的：

> 布雷斯特德对古代历史的地缘政治学观点与当时帝国主义的时代精神有着一些惊人的相似之处。总的来说，他笔下的“新月沃地”与1916年《赛克斯–皮科协定》分给英国和法国的奥斯曼帝国部分领土在地理上大致相同［即黎凡特海岸、东安纳托利亚和美索不达米亚］。1916

年，《古代习俗揭秘》出版时，美国尚未加入第一次世界大战，而金-克兰委员会尚未提交其著名的1919年8月28日报告。该报告建议美国对小亚细亚和叙利亚实施托管。尽管如此，布雷斯特德在描述新月沃地时所用的语言表明，他非常清楚该地区在地理战略上的重要性，尤其是在控制波斯湾和红海方面的关键作用。

布雷斯特德同时代的人信心十足地写道，古代近东的本土文学传统中缺乏战士阶层，这与印欧神话中的精英战斗团队形成了鲜明的对比。人们普遍认为，这些“原始欧洲人”的勇士团体凭借高超的作战技术（例如使用马拉战车），能够定期地、迅猛地干预古代近东国家的地缘政治。这种想法带有系列杂志《男孩的故事》中的虚张声势风格，被拿来解释青铜时代末期整个近东地区宫殿文明的崩溃。埃及文物局局长加斯顿·马斯佩罗（1846—1916）在其不朽之作《民族斗争》（*Struggle of the Nations*）中，特别提到了埃及南部阿拜多斯新王国时期神庙墙壁上雕刻的场景。它描绘了拉美西斯大帝的侧面，他身边奔跑的保镖头戴有角的头盔，手持短剑。他们因此被认定为施尔登人（撒丁岛人），按照当时的种族标准，则属于“欧洲人”或“印度-雅利安人”。君主无法组建一支本土军队，只能依靠外国雇佣兵——自启蒙运动以来，欧洲知识分子一直将此视为“专制”政治体系的一个典型特征和弱点（当时奥斯曼苏丹控制着近东大部分地区，因对马穆鲁克和禁卫军精锐部队的依赖而被视为典型）。此外，在埃及的图像中，保护国王身体的任务通常由神而非凡夫俗子承担，暗示着这些移民战士几乎具有超人的地位。这些遗迹似乎为许多欧洲人所认定的他们在近东的角色（即守护者和保存者）提供了古老的基础。他们要守护和保存的文明传统正受到现代文明的威胁。现代人与这种传统的联系早已被切断，或者彻底不复存在。

今天，文明的概念在短暂的后殖民时代休眠期后苏醒，并正在经历进一步的转变。“文明是动态的：它们兴盛又衰亡，它们分裂又融合。正如任何一个历史学研究者所知的，文明消失并被埋葬在时间的沙尘中。”写下这段话的正是已故的哈佛大学政治学教授塞缪尔·亨廷顿。1993 年，他发表了一篇题为《文明的冲突》的文章，来反驳他曾经的学生弗朗西斯·福山（Francis Fukuyama）的观点。在 1989 年的一篇文章中（就像亨廷顿的回应一样，福山在此基础上写成了一本书），福山提出世界历史正在进入一个新阶段。这个新阶段的特征是：

> 人类意识形态的终结以及西方自由民主作为人类政府最终形式的普世化。这并不是说《外交事务》的国际关系年度总结中不再出现大篇幅的大事，因为自由主义的胜利

主要发生在思想或意识领域，在现实或物质世界中尚未完全实现。但我们有充分的理由相信，从长远来看，西方自由民主的理想终将主导物质世界。

亨廷顿不同意福山的观点。《外交事务》杂志随即刊登他的回应。他认为人类社会不仅远未形成任何共同的组织形式，而且事实上正在回归部落主义，其规模之大前所未有，可以说是“文明”层面的回归。亨廷顿在文章开篇十分明确地阐述了文明的意义：

> 文明是一种文化实体。村庄、地区、种族、民族、宗教团体都有各自独特的文化，且文化异质性程度不同。意大利南部的村庄文化与北部的村庄文化可能有所不同，但两者都共享意大利文化，这让他们与德国的村庄区分开来。而欧洲社区共享文化特征，这让他们与阿拉伯社区或者中国社区区分开来。然而，阿拉伯人、中国人和西方人并不属于任何更广泛的文化实体。他们构成了不同的文明。因此，文明是人们最高层级的文化分类，也是人类区别于其他物种的最广泛的文化认同。共同的客观因素（语言、历史、宗教、习俗、制度等）以及人们的主观自我认同共同定义了何为文明。人们具有不同层次的身份

> 认同：罗马的居民可能会以不同的强度将自己定义为罗马人、意大利人、天主教徒、基督徒、欧洲人或西方人。他所属的文明基于他最广泛的身份认同，他对此具有强烈的归属感。人们可以重新定义自己的身份并确实这样做了，因此，文明的构成和边界也发生了变化。

随着亨廷顿对当时世界事务（南斯拉夫种族灭绝式的崩溃、尖端武器在非西方国家的扩散以及东亚新经济集团的形成）的诠释不断深入，文明的概念在其动荡的历史中经历了无数次变化，再一次融入新的政治格局，焕发出新的活力。在亨廷顿看来，文明正在迅速成为全球政治丑陋面的原因和借口，同时也是解决这一问题的手段。长期以来，西方深受“文明是一种普世价值”的旧式、单一观念的误导，现在它必须正视“文明”这一概念的多元性。亨廷顿解释了冷战如何为人类结构中深刻而持久的裂痕蒙上了一层意识形态的面纱。而随着铁幕的消失，这些裂痕现在又重新出现在地球的表面。这种视角很大程度上得益于考古般的想象力。他预言，人类将沿着古老文明的血腥边界分裂。每个文明都具有跨国性，具有普遍性的视野和抱负，并从根深蒂固且彼此水火不容的信仰中汲取养分。这些信仰涉及人们应该如何生活，如何埋葬亡者，如何生产和消费物品，如何体验性行为以及如何充实精神。

他的这些论点引发了强烈反响。一些政治哲学家将其视为具有启示性的智慧，而另一些评论家则谴责其抽象到荒谬，是为宗教激进主义煽风点火。已故哥伦比亚大学英语和比较文学教授爱德华·萨义德（Edward Said）为《国家》杂志（2001年10月）写了一篇评论，毫不留情地正面攻击了亨廷顿的观点：

> 事实上，亨廷顿是一个意识形态家，他对“文明”和“身份”有着一厢情愿的想象，认定它们是封闭隔绝的实体，经受着赋予人类历史活力的无数潮流和逆流的不停冲刷。这么多世纪以来，这些潮流和逆流使得历史不只是宗教战争和帝国征服，也是交流、互相滋养和分享。“文明冲突论”主张现实就是被荒谬地压缩和限制着的战争。当人们急于强调这一论点时，历史这鲜为人知的一面（交流、互相滋养和分享）就被忽略了。

值得注意的是，考古学家和人类学家这些研究“文明”的后方部队，对亨廷顿的论点几乎没有发表过什么评论。这些学科成立之初就是为了确定文明的本质、发展以及演变的，亨廷顿本人也欢迎关于这方面的评论。在他关于文明冲突的扩展著作（副标题：“世界秩序的重建”）中，他承认考古学家和人类学家的贡献，并试图将其纳入讨论。他勾勒出的早期文明史是一部孤立的历史：

> 在文明出现后的三千多年里，除了少数例外情况，文明之间的接触要么不存在，要么十分有限，要么就是间歇性密集出现。历史学家用了一个词语来精确表达这些接触的本质：遭遇。时空隔开了不同的文明……直到 1500 年，安第斯文明和中美洲文明都没有与彼此或其他文明进行过接触。尼罗河、底格里斯河–幼发拉底河、印度河和黄河流域的早期文明也没有进行过交流。

如何说明早期文明被假设的孤立状态，对于亨廷顿提出更大的论点非常重要。亨廷顿从卡罗尔·奎格利（Carrol Quigley）的《文明的演变》（1961 年）中借用了一个形象：它像一棵倒置的灌木，展现了古代文明从一组共同的“新石器时代花园文化”中衍生出来，在进化、分裂和变异的过程中小心翼翼地避开彼此。

本书第一部分是我作为考古学家对亨廷顿这一说法（即早期文明之间缺乏互动）做出的回应。该部分聚焦于古代近东地区的文明，其中包括埃及和美索不达米亚。我提出了史前社会和古代社会之间相互联系的观点。该观点可以适用于亨廷顿提到的所有其他地区。已经有相当多的专业文献证明了这一点。有些读者现在可能会怀疑我在虚空打靶。但毕竟亨廷顿从未自诩为古代世界的专家，那么他过分夸大自己的观点，这难道不明显吗？一个多世纪以来，古埃及、美索不达米亚及其邻居之间的联系难道没有得到公认吗？

对此，我的回答是，一些错误的论点属于“野火烧不尽，春风吹又生”。理清它们不是一次性的练习，而是一场“流动的盛宴”，必须定期重复，以提醒我们那些已经知道或容易忘记的事情。大多数关于“早期文明”的研究仍然只关注一个地区或一系列人为隔离的地区，很少关注它们之间的关系。总的来说，我们仍然倾向于认为古代世界是由“希腊人”“埃及人”“美索不达米亚人”等组成的，所以他们应该以独特的“希腊”“埃及”“美索不达米亚”等思维和行为方式行事。本书第一部分质疑这种区分的有效性，并提出古代近东的文化特征是互动和交流的结果，而不是孤立的结果。此外，第一部分还探讨了埃及与美索不达米亚之间的独特差异，以及尽管它们之间存在物质交流，彼此互相影响，但数千年来这些独特差异依然存在的原因。

一点小小的背景

对埃及和美索不达米亚的研究并非始于同一起点。一位古代历史学家指出："西方艺术、文学、建筑或设计领域从未出现过'巴比伦热'"，它无法与埃及在前现代欧洲的地位相媲美（Lundquist, 1995: 67）。早在 19 世纪早期西方人破译象形文字之前，他们就已经了解、推崇并模仿古埃及文化的某些特征和记忆，特别是通过圣经和希腊罗马文本，以及旅行者对吉萨高原和尼罗河谷地其他地方仍然可见的令人印象深刻的石碑的描述。在同样的资料里，还存有对美索不达米亚（底格里斯河和幼发拉底河之间的土地）伟大帝国的记忆。人们只能通过被征服者的视角回忆起亚述和巴比伦的王国。但相比之下，仅仅一个世纪之前，欧洲学术界还完全不了解古代苏美尔地区（位于今天的伊拉克南部）最早的文字文化。其城市、神庙和抄写的档案深埋在人工土丘中，这些土丘是由千百年来人类居住的泥砖建筑堆积而成的。

如今我们意识到，在本书所关注的公元前三千纪，人类历史上前所未有的王朝政体几乎在埃及和美索不达米亚同时出现。这些政体与世界上最早的文字体系一样，呈现出彼此截然不同的形态。美索不达米亚的城邦社会中心地带位于底格里斯河和幼发拉底河下游之间，在现代巴格达以南的冲积平原上，一直延伸到波斯湾的沼泽地带。书面资料通常将这个地区的南部（直到公元前三千纪末）称为苏美尔。该地区由政治上独立的城邦组成。人们使用各种语言（包括苏美尔语和阿卡德语），但他们仍然有共同的宗教和文化认同。相比之下，象形文字资料中指代的尼罗河流域和三角洲（上埃及和下埃及的“两片土地”）则是一个统一的王国，由一位神圣的君主统治，其领土控制范围从尼罗河第一瀑布（象岛，靠近现代的阿斯旺）一直延伸到地中海。

自亨利·富兰克弗特撰写《近东文明的起源》（*The Birth of Civilization in the Near East*，1951 年，这是近来对早期埃及和美索不达米亚最重要的比较研究）以来，我们对这些古代社会的了解呈指数级增长。然而，由于工业大坝建设、冲突和劫掠活动，古代遗址和文物的损失和破坏也急速增加。不过，知识还是取得了显著增长，尤其是在史前考古学领域：人们对各地区最早王朝国家的兴起背景有了更全面的了解。规模相当、组织结构复杂的文明社会的证据在这些地区之间及其周边逐渐出现，例如叙利亚西部的埃卜拉王国（其首都位于马尔迪赫遗址，由意大利学者于 20 世纪 60 年代发现）以及中亚此前未知的奥克苏斯河文明（或称“巴克特里亚–马尔吉亚纳”文明，由俄罗斯考古学家于 20 世纪 70 年代发现）。这些新发现以及它们揭示的古代近东社会之间错综复杂的联系，只会进一步强化“文明的起源”面临的解释挑战：

> 对比埃及和两河流域的文明，两者具有共同之处，如文字、表现艺术、纪念性建筑和新的政治凝聚力。更惊人的是，它们在文字形式、艺术内容、建筑功能和社会结构上呈现出显著的区别。我们观察到的不仅仅是文明生活的建立，更是埃及和美索不达米亚文明独特“形式”的具体产生。（Frankfort, 1951: 49）

PART ONE

第一部分

文明之锅

第一章 Chapter 01

隐秘的采借

在我们看来，文明史就是不同社会的各种物品和成就互相流通的历史……社会通过互相采借得以延续，但往往通过拒绝（而非承认）采借来定义自己。

——马塞尔·莫斯，《国家》(Mauss，1920)

青铜时代末期（约公元前1100年），埃及的一个文学故事讲述了这样一段旅程：一位名叫温阿蒙的底比斯阿蒙神庙的使者，来到黎巴嫩海岸比布鲁斯港，也就是现代的朱拜勒城，旨在为阿蒙神的圣舟寻找一批从黎巴嫩山上砍下的雪松木。当地一位国君接待了他，却拒绝帮助他完成任务。温阿蒙恼羞成怒，提醒国君，他的王室祖先向来会给至高无上的底比斯神献上神应得的东西："大海属于他，黎巴嫩属于他，而你却声称黎巴嫩属于你。"国君承认阿蒙神对"所有土地"的统治权，但接着又提醒温阿蒙，人类学会的造船和航海“技能”——比布鲁斯港就以此闻名——已经“传播到了我所在的这个地方”，人们因掌握这些技能而获得了驰骋大海的力量。然后，他开始按照自己高度商业化的条款与温阿蒙进行交易。

被困于比布鲁斯海岸的温阿蒙被迫吸取了教训，而古代世界的现代作家却常常忽视了这一教训。现代人倾向于把古代社会描绘成雪莱笔下著名的“奥兹曼迪亚斯”（Ozymandias）那样的存在，绚丽灿烂却遗世独立。地域专家们倾向于为他们研究的特定地区争取更高的地位；现代博物馆的展陈布局往往不利于理解不同社会之间的关系。大多数博物馆似乎都是按照文化隔离的原则来规划的，将曾经相互联系的文明遗存分割成一系列的人造部分：类似奎格利图示中孤立的“花园文化”。正因如此，每当有新发现证明那些与我们相距久远的古代民族之间曾有过接触时，我们都很容易感到震惊。我们就像现代的温阿蒙一样，困在自己特定的世界观中，理所当然地认为过去各社会处于与世隔绝和停滞不前的自然状态，并且它们之间的互动是间歇性的、罕见的，像亨廷顿所说的，是一系列的“遭遇”。

在反思这些假设时，让我们回到黎凡特北部（今叙利亚和黎巴嫩）狭隘的沿海地带及其多山的腹地。它处于从东非湖泊通向土耳其南部山麓的东非大裂谷地带上，海拔高于地中海。

在这些山脉附近，雪松和杜松高耸入云，世界早期国家的政治想象和经济博弈在此交汇。美索不达米亚文学中“雪松森林”的灵感原型很可能就在叙利亚北部的阿曼努斯山脉。传说中的伟大国王吉尔伽美什在这里杀死了守护森林的怪兽，带着丰富的上等木材，沿着幼发拉底河向下一路长途跋涉，回到了波斯湾顶部附近的乌鲁克城。沿着黎巴嫩山脉和东黎巴嫩山脉向南不远处，是巴拉特·格巴尔女神的领地，她也被认为是埃及的哈托尔女神，以“山之女神”的形象示人。在温阿蒙到来之前的许多世纪，埃及宫廷的使者曾停靠在比布鲁斯港，朝拜该女神的圣地，并获取各种奇珍异宝。其中最重要的是木材和针叶树的树脂。当时，在特权阶级的成员死去之后，人们会将树脂涂于尸体表面，再将其送进坟墓。

今天，叙利亚和黎巴嫩山脉因为人类千百年来的开采而处处都是荒芜山坡，其更深的创痕则可以追溯到很久之前，那时，迦南海岸的产品被用来供给尼罗河和幼发拉底河上的远方神灵。但是，古代近东国家之间如此远距离的货物和知识交流到底有多典型或频繁？它们在古代经济中扮演了怎样的角色？尽管埃及王国和美索不达米亚城邦的规模和复杂程度令人印象深刻，但没有任何书面证据表明，在其存在的头1000年里（大致相当于公元前三千纪），它们直接意识到彼此的存在。从两个地区的官方记录中勾勒出的已知世界的范围似乎更为有限：犹如夜间穿行的船舶。那么，我们能否像亨廷顿一样得出结论，认为它们之间的交往微不足道、无关紧要？

错误的视野

古埃及的书面资料指出了“两地”（上下埃及）之外和隶属于“两地”的各种外国领土和民族；“两地”这个术语既指王国的政治边界，也指尼罗河谷地和三角洲的可耕种地区。其中包括埃及东西部沙漠的游牧部落；尼罗河第一瀑布以外的努比亚人；黎凡特海岸的城镇，其中比布鲁斯被赋予特殊地位，是王室的附属物和哈托尔女神的领地；拥有绿松石矿和铜矿的西奈沙漠；以及红海南部沿岸的自然奇观之地蓬特，它同时也是用于净化神庙和陵墓的香火的供应地。

从公元前三千纪晚期开始，美索不达米亚王室碑文上的文字就经常宣称征服了“从下海到上海的所有民族和山地”，“下海”“上海”分别指的是波斯湾和里海的水域（也有可能是西面的奥鲁米耶湖）。“雪松森林”和“银矿山区”则确定了宇宙的北方界限，它们是壮烈战役和超自然遭遇发生的地方，凡人无法到达。主要的海上竞技场在南方，在“下海”内外。公元前四千纪末期的楔形文字文献中已经提到过“迪尔蒙”这个名

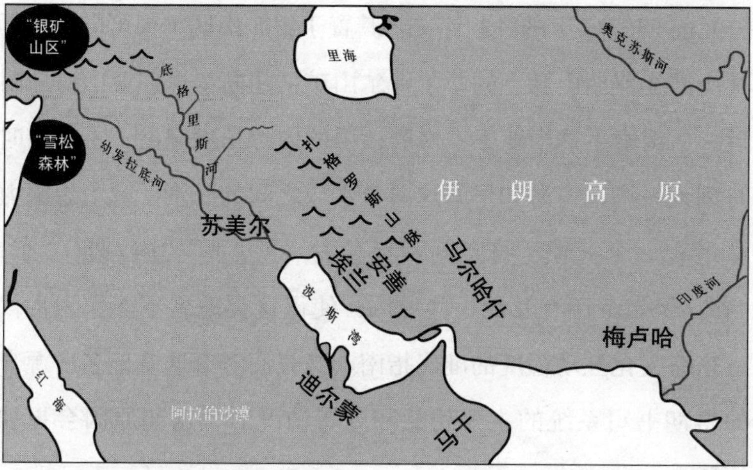

地图 2　美索不达米亚资料中外国土地的可能位置

字，它在不同时期指的是巴林和塔鲁特的岛屿，以及毗邻波斯湾中部的阿拉伯沿岸地区；到公元前三千纪末期，又增加了更远的地方：马干（铜矿丰富的阿曼湾）和梅卢哈（很可能是莫克兰山脉和印度河河口之间的沿海地带，被认为是象牙、青金石、红玉髓、黄金和上等木材等外来商品的供应地）。在美索不达米亚的资料中，埃兰王国（首都位于伊朗西南部低地的苏萨）以及伊朗高地东部偏远的安善和马尔哈什领土，在政治上与苏美尔平原的一众城市旗鼓相当。

这些地理名称的范围并不是一成不变的，而是会随着历史事件而变化，或许也会随着使用语境而变化。有时，“上海”似乎指的是地中海，而不是里海，如阿卡德王国君主萨尔贡（约公元前2300年）的胜利铭文将其置于银矿山区（很可能是土耳其南部托罗斯山脉上的博尔卡尔山矿，朝向奇里乞亚山口）附近。从美索不达米亚王室修辞话语的内部角度来看，不需要时时刻刻强调地中海和里海这两个水域之间的区别。政治想象力永远有一个习惯：将空间两极化为“上/下”“内/外”“东/西”。但是，还有其他一些原因，使得这类地名不能作为古代近东跨文化互动程度的准确指南。当我们考虑这些地名所源自的早期书写系统的主要功能和分布情况时，这些原因会更加清楚。

在埃及，仪式性的圣书体象形文字及其草书变体（僧侣体）于公元前3300年左右同时出现。同一时期在苏美尔，人们发明了楔形文字，最初只是用于经济账目的标记。楔形文字的符号是用芦苇笔在潮湿的黏土板上刻画出来的，最初具有图像特征，但经过几个世纪的发展，人们为了快速方便地书写，将这些符号简化为更抽象的形式。相比之下，埃及的圣书体象形文字从未失去其图像特征。它被雕刻在各种各样的展示媒介上，主要服务于王室，反映了这种字体发明之时狭隘的社会背景。在行政管理上，埃及使用的是没那么正式的僧侣体，这种文字用墨水书写在纸莎草纸上（这种纸莎草纸很少能从如此久远的年代留存下来），或者刻于陶瓷容器的表面。由于贸易和外交活动，刻有文字的埃及物品偶尔会流向国外。公元前两千纪初期，少量的埃及文字被带到克里特岛。随后，那里出现了独特的象形和线形（非象形）文字系统，虽然大概率与埃及文字无关，但是在黎凡特海岸可能有它的前身。然而，埃及书写系统的常规使用仍然牢牢地局限在埃及国家的领土上，包括其在努比亚的驻军和在东撒哈拉的绿洲殖民地，在那里人们有时会使用泥板，作为纸莎草纸的一种方便替代。

在埃及和美索不达米亚的两种书写系统中，楔形文字是迄今为止较为杂乱的一种。公元前 3000 年，苏美尔地区楔形文字的使用促进了东部邻近的胡齐斯坦（伊朗西南部）低地城镇中一种密切相关的书写系统的发展。在那里，一个规模小于苏美尔的独立的识字社区网络扩展到伊朗高地，并延伸到今德黑兰附近。这种被称为“原始埃兰文”的文字，目前虽远未被破译，但其早期用途似乎主要限于行政和记账。最晚在公元前 2400 年，幼发拉底河中游（马里）和叙利亚大草原以外（埃卜拉）的宫廷中心也开始使用楔形文字，用它记录闪米特语系的语言（美索不达米亚南部最早的书面语言苏美尔语并不属于此列）。与古埃及王国和美索不达米亚早王朝时期同时的印度河流域的哈拉帕文明，也发展出了自己的文字。早期印度河流域的文字与楔形文字无关，主要通过石制商品印章上的刻字而为人所知，它们至今仍未被破译。

这似乎是一份令人印象深刻的花名册，其中包含的是地球上小范围聚集的使用文字的社会。（“有文字的社会”一词并不理想，因为使用文字的群体如此受限，用本尼迪克特·安德森的话来说，是“广阔的无文字海洋上的微小识字礁石”。）然而，除了埃卜拉的宫廷档案之外，这些早期国家遗留的行政记录在说明它们与政治疆域以外的社会的关系上，只能提供一些模糊和零星的线索。而关于技术类技能（包括书写技能本身）在社会内外部之间的学习和传播方式，这些档案也没有提供多少信息。大多数已被研究过的经济档案都只涉及城市机构的内部事务，而没有涉及远距离贸易。

无论在埃及还是在美索不达米亚，对外部世界的官方描述更多地保存在竖立于神庙、陵墓和宫殿中的王室纪念碑上。它们的信息面向内部精英和神灵，它们的地图本质上是宇宙性的而非世俗性的。与外国的接触和交流在这些官方记载中扮演着不可或缺的角色，但这一角色首先是由仪式和政治因素定义的。我们可以从中了解许多关于埃及和苏美尔社会内部运作和需求的信息，尤其是他们的神圣王权制度，我将在第八章中对此进行探讨。不过，它们在重现古代社会彼此接触的确切程度上价值有限。鉴于跨文化互动的书面证据存在这些局限性，我们有必要强调社会和生态需要是如何迫使早期国家与外部世界不断互动的。

互动的必要性

埃及和苏美尔的农业经济完全依赖于其主要河流水系所沉积的肥沃土壤。这些水系流经降雨量微乎其微的干旱地区。底格里斯河和幼发拉底河的洪水机制对灌溉农业的影响远不如尼罗河，因为它们在春收时节上涨，而不是在最需要水分的秋播时节。为此，需要投入更多的劳动力来维护人工水渠和堤坝，并防止土壤中有毒盐分的积累。不过在稳定的气候条件下，这两个地区的谷物、豆类和乔木年产量都很高，同时还有丰富的野生资源作为补充。然而，埃及和美索不达米亚两者都位于主要的洪泛平原上，这也使得这两个地区的政体需要依赖外部资源来获取各种原材料。他们需要定期从偏远地区获取金属、坚硬的石头和优质木材，而这些地区往往在数百甚至数千千米之外，是一些无文字社会的栖居之处，我们只能从现存的物质文化中重新构建这些社会的历史。

古王国时期的埃及和早王朝时期的苏美尔城邦军事能力都有限，只是偶尔诉诸直接的武力，以此作为驾驭其国家边缘小团体活动的一种手段。然而，这些小团体发展出了自身的抵抗形式来抵御外来干涉（将在第六章讨论）。虽然从公元前三千纪的最后几个世纪开始，这两个地区有形成规模越来越大的帝国趋势，但正式的帝国并不是这一时期的特征。因此，尼罗河、底格里斯河和幼发拉底河的重要性，并非仅仅由于它们是城市与非城市世界之间的贸易和交流大动脉，也是因为它们每年的洪水带来了农业生产盈余。

在评估这种远距离货物运输的重要性时，将金属、木材、有色石材、树胶和香料称为“异域风物”或“奢侈品”是一种误导。它贬低了这些物品的重要性，暗示它们不过是绝对掌控附属领土的精英群体“可选择的额外之物”。这种观点在 19 世纪末 20 世纪初可能是站得住脚的。当时人们普遍认为，在气候干旱的地区，“专制”国家的政治结构是其主要耕作模式的直接产物，即利用灌溉渠道浇灌干旱和贫瘠的土地。政治史学家卡尔·威特福格尔等人根据马克思关于“亚细亚生产方式”的定义，坚持认为：大规模灌溉农业的管理需求和其内在的不公平是中央集权的官僚体制及其等级制度的基础。但后来人们发现，灌溉安排和对耕地的直接管理很少出现在埃及和美索不达米亚的早期行政记录中。大多数耕作都是利用天然洪泛区和其河流水系每年形成的排水良好的堤岸土壤，以相当分散的方式进行的。在这两个区域开展的详细的考古调查证实了这一观点。同样变得明确的是，小型灌溉系统和为了管理这些系统所需的传统协同互助与冲突解决机制，可以追溯到城市化之前的久远史前时代（最早的灌溉系统位于伊拉克中部和伊朗西部，可追溯到公元前六千纪），并且在中央集权政治体系出现（以及随后的崩溃）之后继续运作。最近在叙利亚北部（特别是在哈布尔河支流上的布拉克遗址）进行的实地考古考察进一步显示，公元前 4000 年左右城市居住区和官僚机构就开始早熟发展。该地区的降雨量足以支持农业的发展，无须人工灌溉。

图 1　叙利亚的布拉克考古遗址（古代纳加尔），其城市生活至少可以追溯到公元前 4000 年。如今，它的遗迹仍耸立在哈布尔河上游平原 40 多米的高处

正如乔纳森·弗里德曼和凯萨·埃克霍尔姆在几十年前（Friedman & Eckholm，1979）所指出的那样：“有种思维惯性认为，高级文化的进化是建立在集约灌溉的农业剩余基础之上的。这是在系统地回避一个问题，即剩余的谷物无法在当地转化为青铜器、布匹、宫殿（进口石材）、精美的珠宝和武器等这些伟大文明的标志。王朝的精英们正是通过获取这些‘外部’资源

并对其进行战略部署，将其用于区分的标记、货币的形式和神圣权力的象征，以此维护他们与神的社会之间的特殊关系。而这种特殊关系反过来又使人类社会等级制度合法化。”在这里，我们遇到了本书将多次提到的悖论：埃及和美索不达米亚社会正是通过与它们的神灵接触来表达它们的独特性，以及对土地、地域、起源和地方的独特依恋；然而，埃及神和美索不达米亚神的尘世之躯是人们用相似的物质、以相似的方式仪式性地制造、滋养和照料的，但在这两个地区恰恰都无法找到这些物质。因此，在试图理解文化差异的根源——埃及和美索不达米亚文明的独特“形式”时，我们不可避免地被卷入了一个彼此混杂和互相采借的世界。有一种单一的介质可以笼统地勾勒这个世界的轮廓，那就是被称为“青金石”的虹彩蓝色宝石。

第二章 Chapter 02

在追寻蓝发神灵的道路上

然而，《荷马史诗》中充分反映了吉尔伽美什和其他近东的史诗、故事和文学主题，这足以说明，近东史诗在爱琴海地区早已流行，而不是在据传创作《荷马史诗》的年代（大约公元前 700 年）才开始的。

——苏珊·谢拉特，《考古环境》（Sherratt，2005）

在埃及北部一座泥砖建筑中发现的两具黄金人像外壳，是近年来最引人注目的考古发现之一。这两具人像外壳分别高 60 厘米和 30 厘米，年代约为公元前 3200 年。无论什么种类的金属制品都很少能从如此久远的年代保存下来。大部分金属制品在古代就已经被熔化并回收利用。位于尼罗河三角洲的低矮土丘群法哈土丘出土的雕像外壳，则出人意料地打破了这个规则。它们经过精心复原，现收藏于开罗博物馆。就算被复

图 2　埃及北部法哈土丘出土的一尊宗教雕像的黄金外壳，其眼睛周围镶嵌着青金石，约公元前 3200 年（前王朝时期晚期）

原，它们从前的模样和现在仍然存在着不同；玻璃柜折射出的光线在铠甲的缝隙中穿过，破除了这些铠甲看似坚固的假象。同时展出的还有曾经刺透这些金属外皮的细小金铆钉，它们将金属外壳固定于早已腐朽的木芯上；以及一条珠子项链，上面穿着一个深红色红玉髓大圆盘。

这些雕像外壳有着面具般的脸孔、粗大的阴茎鞘和莫名其妙被拉长的手指，熟悉埃及后期艺术身体美学的参观者见到此景象会感到不安，他们可能会觉得自己不经意间闯入了一个不同的、更加陌生的文化领域。然而，从另一个方面来看，这些雕像外壳的艺术形式显然处于一个悠久的王室表现传统的开端。这一切都体现在镶嵌着深蓝色青金石的眼睛和眉毛上，在较小的那张脸上，这些镶嵌物至今仍然可见。许多世纪后，这同样的虹彩宝石（青金石）缀着金色的黄铁矿，仍然镶嵌在图坦卡蒙陪葬面具（公元前 1327 年）的眼睛上；而在位于塔尼斯的舍顺克二世（公元前 890 年）墓中，这虹彩宝石则环绕着其木乃伊手臂镯子上荷鲁斯神的保护之眼。塔尼斯当时是通往地中海世界的门户，祭司温阿蒙就是从这里出发前往比布鲁斯的。

埃及工匠经常在王室雕像和神像上将青金石与从西奈沙漠开采来的绿松石混合在一起使用。西奈沙漠里古王国时期的石刻，宣示着国王对这片土地及其资源的控制。蓝色玻璃和被称为彩陶釉的二氧化硅化合物的发明，很可能是为了模仿这些被人觊觎的宝石的美学特性，并将其迷人的属性传播到精英阶层之外。美索不达米亚人对“玻璃”的通称是“窑石”（与“山石”相对），而埃及人称其为“流动的石头”。到公元前两千纪中期，这些当地制造的由普通石英砂掺入微量贵重矿物的玻璃质材料已经往西朝着爱琴海扩散。正是在那里，考古学家海因里希·施里曼于一个多世纪前发现了真正的青金石珠子，它们被用来装饰埋葬于迈锡尼竖井墓（约公元前1600年）中的武士国王的尸体。

在美索不达米亚和埃及，蓝色毛发的神圣美学随处可见。在马里（叙利亚境内古代城邦），青铜时代早期宫殿（约公元前2500年）里的那些面色沉静的小雕像，其眼睛和眉毛都是用薄薄的青金石带做成的。大约同时期的乌尔王室陵墓提供了集体葬礼仪式的证据，在这些仪式中，整个王室，包括武士、乐师和女性送葬者，都身着精致的黄金和青金石头饰，身体上涂满了从印度洋的海螺壳中倒出的液体，在日光黄和夜间蓝的颜色盛会中共同面对死亡。公元前2350年左右，刻在乌纳斯金字塔中的埃及祭祀咒语赋予死去的国王“培育青金石”的权力，就像他令金合欢树在尼罗河两岸生长，将其枝条缩结在一起，借此体现两地的统一。在大约创作于同一时期的苏美尔国王史诗中，正因为乌鲁克的统治者想要用青金石修缮伊南娜女

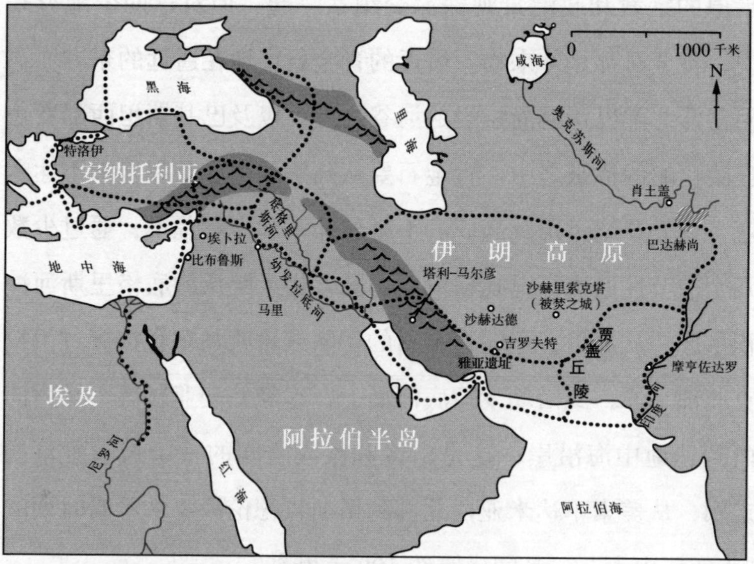

地图 3　从阿富汗到地中海的青金石之路，约公元前 2500 年

神的神庙，因此才与阿拉塔的领主展开了竞争。阿拉塔是一座神话中的城市，位于东部山脉之外，据说那里的居民“将纯净的青金石从石块上切割下来”（见第五章）。在埃及宇宙学中，这种蓝色石头的视觉特性与生命力、有机物生长以及再生的概念密切相关；而在美索不达米亚文学中，正如考古学家丹·波茨（Potts，1977）所指出的，“青金石般的”是万贯家财的标准比喻，“是所有鲜亮和绚丽的事物，尤其是英雄和神灵的胡须或其他身体特征的同义词”。

就像黄金一样，青金石与尼罗河谷地和美索不达米亚冲积平原的宗教和政治景观深深交织在一起，但对这两个地方来说，青金石都是外来物。最近的青金石产地在遥远的东方，在阿富汗北部巴达赫尚蜿蜒的河谷之上，以及巴基斯坦西部贾盖丘陵崎岖的褶皱之中。青金石要从陆路到达埃及和美索不达米亚，首先要绕过伊朗高原的卡维尔盐漠和卢特荒漠，通过少数几个季节性通道穿过扎格罗斯山脉，进入肥沃的底格里斯河冲积平原。从那里，运输青金石的驴队或轮式马车直接穿过伊拉克北部平原，或沿幼发拉底河而上，途经叙利亚鞍区，然后向西到达地中海沿岸；这是山区和沙漠之间的一条长满青草的走廊，从美索不达米亚西北部到伊斯肯德伦湾（古希腊时期的“小亚历山大”），其间横跨约 100 英里[①]。

穿越伊朗高地的陆上通道十分艰难，在寒冬被积雪覆盖。公元前三千纪，这些通道似乎逐渐被阿拉伯海的海上贸易取代，后者为苏美尔城邦里供应中亚商品的商人提供了更快捷、更经济的联系方式。运载贵重矿物（包括青金石）和其他各种商品的船只，从巴基斯坦南部干旱的莫克兰海岸线上的停泊点起航，这里不受夏季季风的严重影响。然后船只经霍尔木兹海峡进入波斯湾。今天的阿巴斯港就正好位于霍尔木兹海峡，在历史上它可能是第二重要出海口，船只可以经由哈利勒河方便

---

① 1 英里约为 1.61 千米。——编者注

出入伊朗高原。那里有一个重要的城市定居点，位于伊朗南部的吉罗夫特遗址，它也是从印度河一直延伸到地中海东部的装饰性石制器皿远洋贸易的中心。

与后来古代的丝绸之路和香料之路一样，青铜时代的青金石之路不仅仅是物质资源的通道。它跨越巴达赫尚矿区与尼罗河河口之间长达 4000 英里的高山、沙漠和平原，其意义和价值也借此渠道在不同群体之间传播。作为该地区最大的金属和矿产消费国，美索不达米亚低地城邦的人口粗略估计只有几万人，但是在这一传播过程中发挥着主导作用。那里形成的审美品位影响了苏美尔平原以外的消费模式。在叙利亚草原边缘埃卜拉城的楔形文字档案中，人们发现了一本列有 50 多种青金石的手册，这些青金石既有当地名称，也有苏美尔语名称。从马里宫殿复原的大量个人装饰品进一步表明，在美索不达米亚、安纳托利亚高地和叙利亚海岸之间的必经之地，苏美尔人的时尚影响力如此强大。在乌尔王室陵墓中发现的大量珠宝，其复杂风格的相似案例出现在广袤的地域，范围从印度河冲积平原上的摩亨佐达罗[①]延伸到俯瞰爱琴海的希沙立克防御城堡，即荷马的特洛伊遗址（见第六章）。古典史学家罗伯特·德鲁·格里菲思（Griffith，2005）指出，荷马笔下的神灵

① 摩亨佐达罗是位于今日巴基斯坦境内的印度河流域文明古城，又称“死亡之丘”。——编者注

以及受其保护的英雄们，是通过蓝色的头发、眉毛和睫毛与普通凡人区分开来的，这或许是古代近东诸神的遗产？

沿着蓝发神灵的足迹，我们遇到的问题比答案更多。为什么在如此遥远的距离和如此不同的文化背景下，竟都会出现这样将神圣体验和特定彩色宝石的美学性质等同起来这样看似随意的做法？鉴于埃及手工艺者与美索不达米亚同行们的产品有明显的视觉风格和表现形式的区别，青金石是如何跨越这种区别获得其价值和独特性的？埃及和苏美尔截然不同的宇宙观是通过怎样的过程来共同使用一种对两者都具有异国情调的建筑材料的？显然，我们在这里面对的不是一个孤立的传播案例，而是一把钥匙，它打开了一个更大的隐秘的（文化）采借领域。

第三章 Chapter 03

新石器时代的不同世界

> 人类对各种重大的文明技艺的掌握（制陶、编织、种植、驯养牲畜等技艺），是在新石器时代牢固地确立起来的。……这些技术发明中的每一种都要人们花费几个世纪之久的时间去积极而又系统地进行观察。
>
> ——克洛德·列维–斯特劳斯，
>
> 《野性的思维》（Strauss，1966）[①]

苏美尔国王曾将蜂蜜和进口雪松树脂加入泥砖的灰浆中，以期为新神庙带来神的赐福。与蜂蜜和树脂类似，青金石也可以说是一种“黏性”材料。也许，青金石并不完全是字面意义上的物理黏合剂，而是指一种社会吸引子，一种会吸引有益行

① 译本选自中国人民大学出版社 2006 年版，李幼蒸译。——编者注

为和力量的物质。蓝色，尤其是当其用在被供奉雕像凝神注视的眼睛上时，就成了祈祷、请求供奉和好运的颜色。在马里和乌鲁克的早王朝时期神庙的地基中发现了青金石小石板，这些石板在标志着建造神圣居所各个阶段的仪式中被精心安置。最重要的是，青金石还能吸引其他耀眼的物质，尤其是黄金和锡（制造青铜器时铜的重要添加剂），这些材料的来源都集中在坎大哈和喀布尔之间的河谷地带，在那里还能找到青金鹅卵石（见第六章）。不过，青金石与其他异域物质之间的密切联系可以追溯到青铜时代以前。

高拉土丘遗址位于一条可季节性地通往伊朗高地的底格里斯河支流上，人们在遗址中发现了一座公元前 4000 年左右的墓，其中有青金石眼形装饰品（可能来自某个雕像）、约 500 颗青金石珠子以及由青金石、绿松石和黄金制作而成的发饰。在墓主的头部和上半身还发现了蓝色颜料的蛛丝马迹。这次葬礼的其他物品非常完整地记录了当时已在美索不达米亚平原流通的异域高地材料，包括大约数百颗绿松石珠子、金制的身体装饰品、金银合金的珠子和两把用黑曜石制作的刀片——黑曜石是一种产于土耳其中部和东部偏远高地的深色火山石。在埃及，青金石珠首次出现在公元前四千纪的史前墓葬中，比高拉土丘的众雕像还要早几个世纪。在这里，这蓝色的石头也并非单独流动到此处，而是与贝壳和其他由红海沿岸沙漠边缘开采

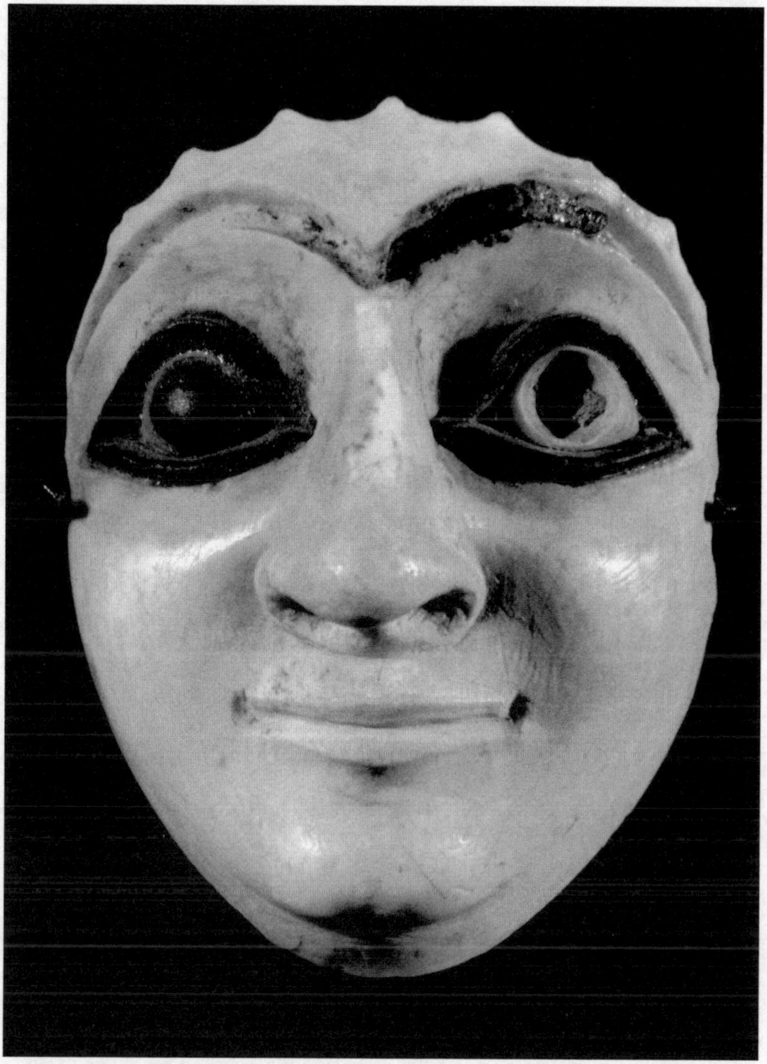

图 3　大理石组合人物面像，镶嵌贝壳和青金石，来自叙利亚马里，约公元前 2500 年

的矿物制成的彩色装饰品一起出现。

“新月沃地”：非洲和欧亚大陆的十字路口

事实上，珍贵高地矿物的这种远距离流动是近东一种历史悠久的现象，其历史远比前文提到的若干有限例子所显示的更为久远。青金石出现的时间相对较晚，它首次出现于美索不达米亚低地的文献中是在公元前六千纪。早在几千年前，“新月沃地”（非洲和欧亚大陆之间的桥梁，也是最早驯化动植物的地方）的第一批农民就已经是贩卖黑曜石、海洋贝壳、角、牙和骨装饰品以及大量有机物商品的成功商人了。

从非常实际的层面讲，资源从高地向低地的纵向流动是从狩猎采集过渡到早期农耕经济（新石器时代的标志）的关键环节。最早的栽培谷物（小麦和大麦）和人工饲养的畜群动物（绵羊和山羊）要进化成完全家养的品系，就必须在基因上与其野生祖先隔离开来，这一过程需要通过人类而非自然来实现地理位置的向下转移：从丘陵和山地斜坡上的原生栖息地（最早的驯化试验发源地），转移到绿洲、湖边和河岸等农耕业发展充分的季节性水浇地。在这种受限的低地环境中，泥土和黏土资源丰富，但缺乏大多数其他形式的矿物质，位于今天巴勒斯坦约旦河谷地外围的苏丹泉（杰里科城）就是很好的例子。在那里，公元前 9000 年左右，在朱迪亚山脉的阴影下，新石器时代的居民建造了一座占地约 3 公顷[①]的城镇，其高处有一座纪念性石塔和梯田系统，它们保护着泥砖街道和房屋免受季节性洪水的侵袭。

在几个世纪内，类似的低洼地带就被几乎遍布整个新月沃地的农耕族群占据着，最远的东边是伊朗西南部干旱的代赫卢兰平原，那里有从扎格罗斯山脉山麓流下的溪流浇灌着农田。永久性定居点的发展及其泥砖建筑的乡土形式，形成了一种独特的土丘景观：经过几个世纪的定居生活建立起来的人工丘陵。今天，从巴尔干半岛到印度西部，在欧亚大陆的广大地区都可以看到成千上万座这样的人造山丘，它们是人类居住方式的遗迹，而这种方式如今已几乎绝迹。史前和青铜时代的土丘景观也初步延伸到非洲大陆，在尼罗河三角洲洪泛平原上的沙质岬角占据一席之地。

在上一个冰期结束后（约公元前 12000 年）成形的近东新石器时代社会，它们之所以能成为城市社会的先驱，是因为不仅在农业方面，更在各种社会和技术创新方面都有所成就。早在公元前 8500 年，就有小批移民乘坐满载大型动物（牛、猪、

① 1 公顷等于 10000 平方米。——编者注

图 4　在杰里科（位于今巴勒斯坦）建造的纪念石塔，保存高度约 9 米，约公元前 9000 年（新石器时代前陶器时期 A 期）

绵羊、山羊和梅花鹿）的无帆船只，从土耳其或叙利亚海岸来到塞浦路斯东部。这同一族群还从土耳其中部高地运来谷类作物和黑曜石，我们在其建立的岛屿定居点中发现了这些物品的踪迹。在新月沃地的另一侧，有惹人遐想的迹象表明，在公元前六千纪晚期，可能已经有结构简单的帆船在美索不达米亚南部和阿曼湾之间航行，那里的沿岸水域盛产鱼类和可食用的软体动物。

从海上横渡到塞浦路斯的族群可能是已经坚定地致力于农耕生活方式的群体，但航海技术的发展可能更多地归功于狩猎–采集–捕鱼者群体，在内陆的其他群体采用农业生存模式很久之后，他们仍继续居住在沿海地带和通向阿拉伯海的沼泽河口。与最早的农民同时代的狩猎者和觅食者，似乎也至少参与制造了近东已知最早的具有纪念性质的雕塑（约公元前9000年），这些雕塑已经不再被视为城市社会的独特成就。位于土耳其南部平原高处的哥贝克力石阵遗址是个极具说服力的例子，那里的祭祀中心由巨大的猛兽石像组成，有些是雕塑，有些则是浮雕，刻于3米多高的、矗立在美索不达米亚低地和通往托罗斯山脉的丘陵隘口之间的T形石柱上。与大约6000年后在西欧建造的独立巨石不同，哥贝克力石阵的立石被嵌入圆形或尖顶建筑的墙壁。人们曾一度认为系统地从畜牧动物群中获取奶并将其加工成乳制品是一种城市创新（就像纪念碑式建筑一样)，但现在它也可以追溯到更早的时期（公元前七千纪)，最明显的例子包括土耳其西部的早期养牛人。这些不同的创新没有一个统一的近东各社会同时跟进的技术发展阶段；这些创新是在特定的社会和环境背景下发生的，然后才沿着不断扩大的接触和交流路线传播开来。

大陆之间：史前边缘地带的埃及

社会形式和物质形式相互渗透。在新石器时代的社会中，用于个人装饰的材料（如彩色宝石和海洋贝壳）的分布绘制出了清晰可辨的互动“线路”或“网络”，其轮廓线的变化可以追溯到几千年前的史前互动。在《吉尔伽美什史诗》被写成文字之前很久，新月沃地上的居民们无疑就讲过英雄之旅的故事，内容是他们如何前往遥远的山地，寻找被严密看守的宝藏。在新石器时代艺术和仪式的复杂痕迹中，仍可窥探这些想象中失落的世界的一些风貌。这些痕迹再次呈现出清晰可辨的区域风格，它们比更广泛的跨地区贸易网络要小，又与之交错。

在现代人看来，从土耳其中部平原到扎格罗斯山脉山麓的新石器时代村落（约公元前 9000—前 7000 年）中出土的遗物往往类似复杂的艺术装置：在精心制作的微型世界，生者的居

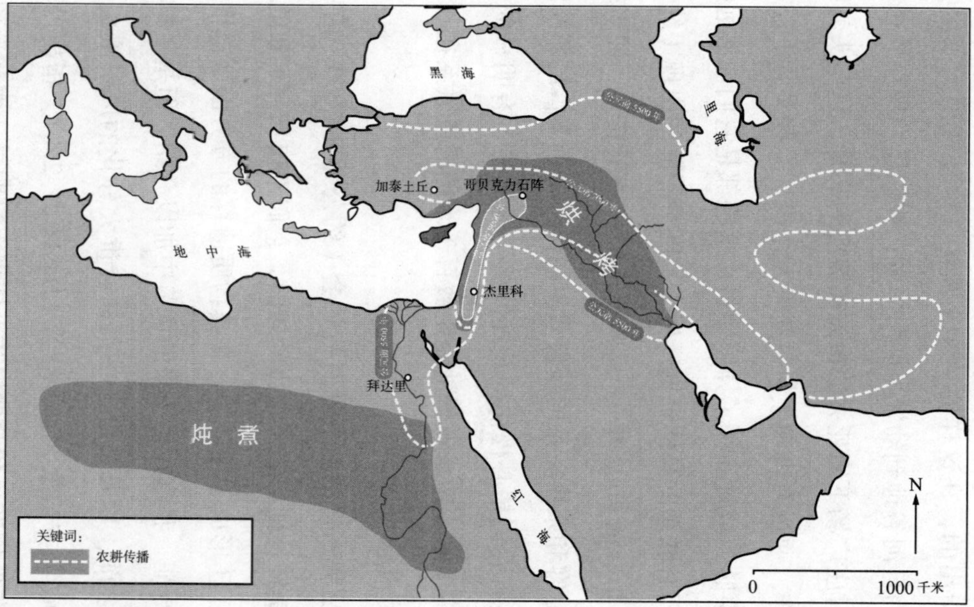

地图 4　史前烹饪传统和农耕的传播，约公元前 10000—前 5000 年

住空间与被带入并陈列在住宅中的死者的遗骸和野生动物的身体部位融合在一起：正如英国考古学家伊恩·霍德（Hodder，1990）指出的，在这样的“文化驯化”中往往预示了生物驯化。从约旦河谷地到幼发拉底河中游，我们还发现存放在房屋地板和村庄广场下面死去的祖先被肢解的头骨，这些头骨经过精心制作，通过石膏和颜料重新焕发生机。有些头骨上还装饰着贝壳眼睛，或被涂抹了异国颜料；这些都是它们与遥远的地方和人们有联系的具体证据。后来，随着彩陶的出现（约公元前 7000 年—前 5000 年），这些祭祖仪式被抛弃了，或者转变成展现好客和亲缘关系的新仪式。同样，颜色丰富的彩绘陶器（无疑还有它们精心模仿的装饰性篮子的风格）有明显的传播区域：将美索不达米亚低地相距数百千米的村庄联系在一起的共同家庭礼仪世界。

埃及和苏丹的新石器时代社会（约公元前 6000—前 4000 年）有选择性地借鉴了东边的邻国，它们不仅培育了新的植物和动物，还形成了独特的、在其物质遗存的方方面面都很明显的地区特征，我将在接下来的章节中加以介绍。但是，早在农耕起源之前，埃及就处于史前社会重大分化的风口浪尖上了。正如挪威考古学家兰迪·哈兰（Haaland，2007）指出的，这种分化在食物准备和消费模式上体现得最明显，而这最初应用于各种野生动植物之上。在如今撒哈拉沙漠的大部分地区，包

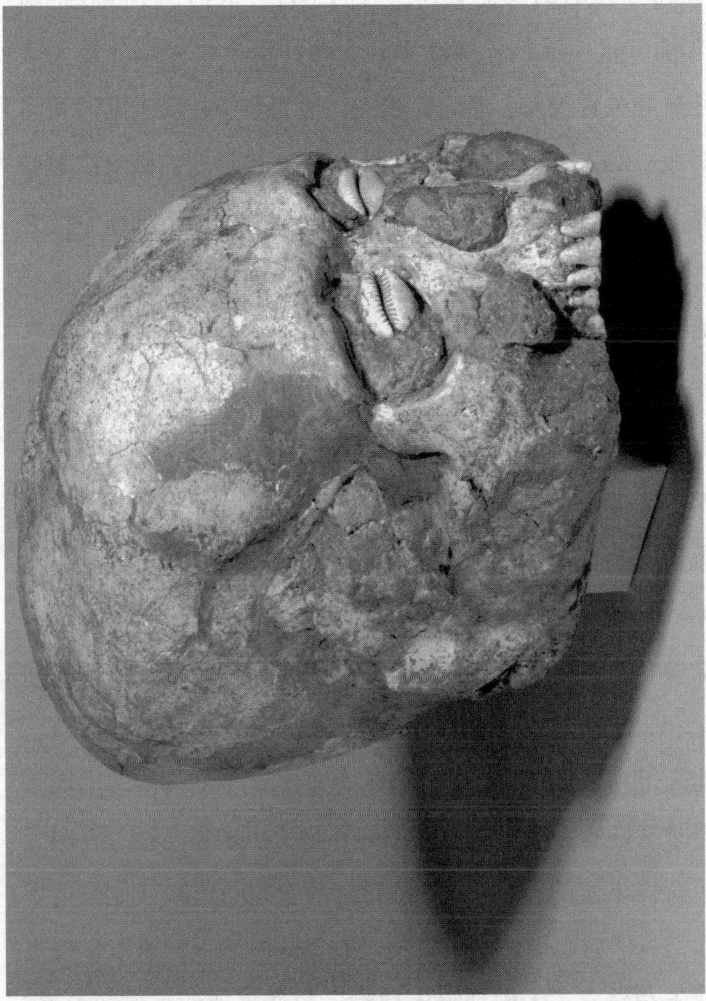

图 5　人类头盖骨，头部特征由石膏制成，眼睛镶嵌红海贝壳，约公元前 7500 年［新石器时代前陶器时期 B 期，杰里科（巴勒斯坦）］

括尼罗河谷地的苏丹（但不包括埃及），都发现了可追溯到公元前 9000 年左右的陶瓷烹饪器皿的组件。大约在 10000 年到 6000 年前，这一地区（从红海到大西洋沿岸）大部分是大草原，稀疏分布着猎人、渔民和牧民，他们集中在浅水湖泊和周围的湿地边缘，过着相对定居的生活。这些早期的撒哈拉陶器是世界上最古老的陶器之一，仅东亚早期的陶器传统在年代上可与之匹敌。这些陶器装饰着用鱼刺按入而形成的图案，这可能是为了模仿网状的外观。与此相反，在亚洲西南方向的新月沃地，在农业出现后的数千年里，陶器生产很少见或根本不存在，直到公元前 7000 年左右才首次广泛出现（包括素面和彩绘两种形式）。

正如考古学家多里安·富勒和人类学家迈克尔·罗兰兹（Fuller & Rowlands，2010）特别提到的，对这种广大地区存在的反差最好的解释是，为了从野生植物资源中提取养分和去除毒素，人们使用了不同的加工技术，而这些技术似乎在极其广阔的地区得到了复制。在北非大部分地区，早期陶器的出现暗示了当时烹饪的方式：当地盛产的谷物（小米和高粱）煮沸后变成了营养丰富的食物（粥和啤酒），就如同鱼和其他肉类主要放在密封器皿中焖烧。在最初没有陶器的西亚，可以发现烹饪方式大相径庭，人们把野生植物（包括当地的小麦和大麦）磨成面粉，然后烘烤成扁平的面包（皮塔饼和洽巴提的前身），与露天烘烤的肉一起食用。在以色列北部加利利海边的奥哈罗遗址，这种研磨和烘烤的传统可以追溯到公元前 20000 年，比农耕时代到来还要早大约 10000 年。埃及尼罗河沿岸的新石器时代社会，最初可能采用了这两种烹饪传统的要素。但毫无疑问的是，到公元前 4000 年有较大定居点的证据出现之时，埃及已经完全融入了大卫·爱德华兹（Edwards，2003）所说的西亚“吃面包的世界”。

这种分别以煮和烤为基础的不同烹饪传统的地域差异，其产生的影响远远超出了饮食范畴。面包开始在埃及和美索不达米亚的王朝社会中扮演核心角色，它既是主食，也是献给神和祖先的祭品的组成部分（第七章将进一步讨论）。在这两个地区，加工谷物烘焙和肉类烘烤都是宗教盛宴的核心要素。富勒和罗兰兹指出，这些特殊的烹饪献祭模式可以被视为源自一个共同的文化宝库的，这一宝库既不是尼罗河流域也不是幼发拉底河流域独有的，而是它们之间（前）历史联系的结果，这种联系也延伸到欧亚大陆西部大部分地区的邻近社会。然而，在承认这些潜在共性的同时，我们也需要认识到尼罗河流域和西南亚新石器时代社会发展形式的显著差异，并承认埃及与其南部的非洲邻居之间也存在着密切关系。

身体文化：尼罗河与东北非洲

穿越整个埃及尼罗河谷地，向南一直到苏丹中部的青尼罗河和白尼罗河交汇处，人们在洪泛平原的干旱边缘挖掘出了众多大同小异的新石器时代墓葬。那里缺少水分，因此墓葬中的物品不会腐烂。在已知的数以百计的新石器时代男人、妇女和儿童的墓葬中，很难发现哪怕一具尸体是没有被精心包裹并按照社交生活惯例来装饰的：用牛皮和其他动物皮制作的衣服；丰富的化妆工具包，包括用来研磨颜料（从东部沙漠采集）以制作身体彩绘的石制调色板；琳琅满目的盛装食物和药物的小

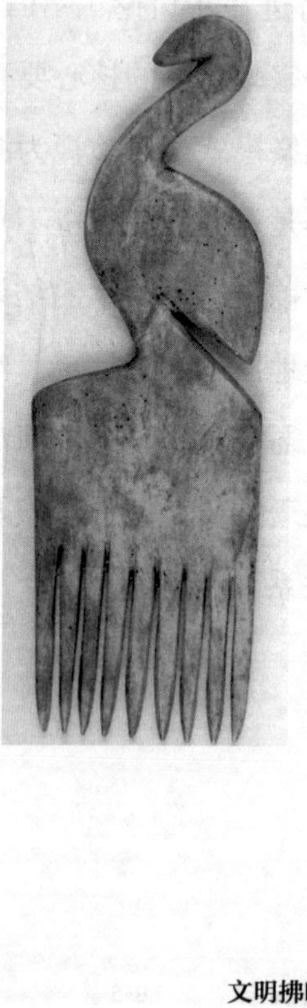

图 6　有鸟形装饰的梳子，来自上埃及巴拉斯的一个墓葬，约公元前 3500 年（前王朝时期）

容器；以及璀璨夺目的珠饰，由来自红海沿岸的贝壳、碧玉、红玉髓和从西奈沙漠采集的绿松石等异域元素组成。到公元前3500年，人们开始尝试用浸过树脂的捆绑物对尸体进行人工防腐（木乃伊的雏形），并在人死后肢解和分开埋葬身体的各个部分，从而进一步扩展尸体在死亡时的象征意义。梳子、簪子、手镯、化妆盒和陶瓷器皿，这些传统的自我展示工具也在这一时期被精心绘制上野生动物、植物和其他自然景观的图像：这些微缩景观分布在多变的人类形态的轮廓上。五个世纪后（约公元前3000年），这些相同类型的物品已成为传统的同时受到严格限制的王室展示媒介。

尼罗河流域和西南亚的史前社会之间出现了一种持续很久的重要差异，几百年后，在埃及和美索不达米亚王朝的文献和遗迹中这种对比仍然清晰可见（见第八章）。从大体上可以看出，西亚的新石器时代的社会认识到，人的身体和房屋实体之间有着强烈的象征意义和物质联系。房屋包含活人的活动，但房屋的一部分也由实际融入房屋黏土家具的死者遗骸组成。骸骨如果不存放在专门的灵堂里，就会被内置于住宅空间里；如前所述，某些人被分解的头骨会得到特殊处理，涂上与复原住宅建筑老化墙面相同的灰泥和涂料。虽然各个地方的丧葬传统不相同，但在从土耳其中部到扎格罗斯山脉山麓的整个地区，仍然可以发现将房屋作为与死者交流的场所的广泛兴趣。尼罗河谷地的新石器时代社会则有所不同。当然，他们利用芦苇、金合欢树和冲积泥浆等多种材料建造家庭住所。然而，家庭似乎并没有在作为群体仪式生活主要场所和实质基础方面发挥同等作用。在更大程度上，尼罗河谷地的社会是通过身体本身的结构（皮肤和毛发、五脏六腑、排泄物和七窍，以及生与死之间的过程）来铭记其在这片土地上的存在，并颂扬其制度的持久生命力。

尼罗河流域和西南亚新石器时代文化分别强调将“身体”和“房屋”作为社会关系的隐喻和材料。在对它们进行广泛的地域比较时，我们必须牢记，这些差异不是孤立产生的，而是经过长期的交流和互动才形成的。埃及的王朝经济赖以生存的家养动植物没有一种是非洲大陆土生土长的。小麦、大麦和织布用的亚麻常常因为后来的墓葬描绘而被错误地认为是埃及景观“自古以来”的特征，而这些后来包括柏柏里羊和野牛等北非本地动物可能早在公元前 9000 年就开始接受本地形式的牧群管理。但这些试验似乎都无法产生人类和相关物种之间持久的相互依存关系。

完全驯化的绵羊和山羊品种直到公元前 6000 年左右才从西南亚的新月沃地被引入埃及。根据目前的证据，主要的运输路线很可能是海运，这些动物首先到达红海沿岸的一个地点，然后通过季节性河道（或干涸的河床）网到达尼罗河谷地。今天，这些河道已经完全干涸，但它们曾经滋养了一系列动植物，埃及东部沙漠的岩画中对此有丰富的描绘。新的牧群动物的到来比栽培谷物的出现早一千多年，随之而来的还有新的流动习惯，与此同时人们对埃及沙漠和努比亚沙漠中镶满矿石（那里新的物质尚未被发掘）的通道逐渐熟悉。因此，尼罗河流域新石器时代的故事并不像人们之前猜测的那样，迁徙的狩猎采集者选择在村庄永久定居下来，而是相反，定居下来的渔猎采集者选择与他们的畜群一起迁徙（这一点显而易见）。

第四章　Chapter 04

（第一个）地球村

> 人们只叙述人类文明伟大变革的一部分。他们的出发角度往往只限于技术革命以及由此导致的共同生活的人口的增加。
>
> ——罗伯特·雷德菲尔德，《原始社会及其变革》（Redfield，1953）

20世纪最有影响力的史前学家V.戈登·柴尔德在《人类创造了自身》（Childe，1936）一书中指出，在工业革命之前，人类历史上有两次伟大的革命：新石器时代的革命开启了农耕文明；公元前四千纪的城邦革命发明了文字，并开启了大规模群居的首次尝试。与此同时，他这种说法也（可能不可避免地）在我们对史前史的理解中制造了一个断层，掩盖了美索不达米亚平原乡村生活在农业起源之后、城邦革命之前的重大发展。世界历史上这一备受忽视的断层需要一个名称。借用马歇尔·麦克卢汉“地球村”的比喻（他用来形容电子时代），我们可以称其为“地球村”的第一阶段。在这一时期，地区之间的差异因为新的传播媒介而瓦解，大规模的意识形态开始出现。但这种意识形态仍取决于具体社会活动的本地特性：各地区家庭和村社中组织生产和行事的方式各不相同。

从多方面讲，公元前五千纪是个命运攸关的时期，也是一个充满矛盾的时期。近代乡村社会的历史或人种学记录没有发现和它相似的时间段。在美索不达米亚低地，它被称为欧贝德时期，得名于伊拉克南部的欧贝德遗址。但这一时期的创新来自文明紧密互扣的发展，这一发展区域要广大得多，从俯瞰地中海的奇里乞亚山口一直延伸到阿拉伯海的阿曼湾。欧贝德时期早于楔形文字的发明，但它为文字的发展奠定了技术和社会基础。它的出现早于最早的城邦，但它的定居点（有时规模小于新石器时代的定居点，面积很少超过 5 公顷）已经表现出城邦生活的许多特征，如专门的官僚程序和复杂的手工业活动分工。其中的消费和交换模式也与史前早期的模式大不相同。这些消费和交换模式包含新的媒介，比如冶炼和铸造金属、轮制陶器和酒精饮料等。随之而来的是社会生活的重大变化，无疑还有混乱动荡。以上这些发展也暗示了低地村庄与其高地和沿海邻居之间的交流越发频繁。

冶金学的起源

让我们从金属开始，因为无论在象征意义上还是在实践中，它们独特的熔融和塑形能力都在更广泛的变革中起到了关键作用。原生形态的铜、铅、金和银都已在早期新石器时代的社会被人们熟知。最初，他们将其视为稀有物质（就像奇珍异石），对其进行冷加工，包括锤击、摩擦和切割。但是，直到公元前五千纪，人们才通过加热将矿石彻底转化为金属。戈登·柴尔德将这一发现描述为“化学的开端”。他同时指出，从易碎的石头转化为坚韧而可塑的介质，这个突破的过程必然围绕着魔法和仪式的光环。

正如宗教历史学家米尔恰·伊利亚德后来所言，这一突破源于“原始陶工的炼丹经验”（Eliade, 1978：7）。这一突破过程也可以被归入一系列技术发明的长期进程之中——这一进程始于使用明火将生肉加工成熟肉。与此相伴的或许是文化的演进。人类开发利用火的过程对社会生活的许多领域产生了影响，比如宗教和语言。即使在今天，当金属工人用合金“配方”来描述金属提炼时，仍然如同在美索不达米亚文献中的古人一样，使用烹饪和烘烤的词汇。金属加工与烹饪的这种象征性关联可以追溯到土耳其高地德伊尔门土丘的欧贝德时期。在那里，日常的家庭仪式为冶金活动的开展提供了框架，而锻造炉成了家庭炉灶的延伸。

冶金与烹饪食物或烧制黏土不同，冶金产生的状态变化（从固体到发红发热的液体，再回到固体）是可逆的，并且可以无限地重复，不会有任何物质损失。正是金属这种在不同状态之间无限转换的能力，使它有别于宝石等早期商品。后者只有通过切削或雕刻逐渐缩小才能改变形态，符合新的风格。金属制品，即使被铸造成某种具有当地意义的形状，也永远不会真正“完成”。但它作为商品仍保有剩余意义，能够将其价值转移到某种新的文化背景中（想想奥斯卡·王尔德笔下快乐王子的悲惨命运，他的雕像身体在被剥去了金色外皮之后，被熔化成了废料）。

冶金学的最初探索可能出现在新月沃地边缘，那里盛产燃料和金属矿石。但是，金属只有通过广泛传播才能作为通用的交换媒介得到重视。这就解释了为什么公元前五千纪，在里海南岸（靠近伊朗高原丰富的金属矿藏）、幼发拉底河上游的土耳其高地（靠近托罗斯山脉的多金属矿），以及最南端的内盖夫沙漠干旱边缘（距离约旦南部的铜矿源只有几天的路程），大体上同时留下了冶炼、锻造、铸造和合金炼制的证据。朱迪亚沙漠出土了一批用失蜡法铸造的华丽铜器，对它们的化学分析证明了金属在这条线路上的流动。这些铜器含有砷和锑的痕迹，而距离最近的砷和锑的产地位于1000千米之外的土耳其

图 7　铜质权杖、狼牙棒头和其他用失蜡法铸造的礼仪用具，来自在朱迪亚沙漠纳哈尔·米什马尔发现的宝藏，可追溯到公元前五千纪末或前四千纪初

东部或阿塞拜疆。

新耕作技术的传播如同冶金知识的传播一样引人注目。在欧贝德时期末期，构成树木园艺基础的实践已经广泛出现，例如嫁接和人工涂粉（授粉）。与此同时，人们很难确定这些实践的单一起源。这些技术本身可能在其广泛应用之前早已存在（在以色列，有初步证据表明无花果的驯化始于公元前 9000 年左右）。公元前五千纪的特点在于这些技术在当地的强化，以及特定树种在新月沃地上的跨区域转移：橄榄、无花果和杏树沿着叙利亚海岸蔓延；葡萄树和石榴遍布托罗斯山脉山麓；椰枣来自波斯湾沼泽地。这种物种的转移不仅体现了新耕作方法的传播，也体现了消费和社交展示的新模式，后者进一步体现为人们对羊毛纺织品的喜爱超过了早期使用的亚麻纺织品。正是在这一时期，我们在羊绒大衣上发现了新的绵羊品种的发展（有别于新石器时代早期的天然多毛品种绵羊），这种绵羊最初是主要集中在伊朗西部高地的。

融入文化熔炉的村庄

正如考古人类学家安德鲁·谢拉特（Sherratt，1999）首先指出的那样，所有这些变化的综合结果就是：在整个新月沃地，史前社会的食物种类剧增。它们的创造性混合产生了全新的食品：前所未有的味道、气味、感觉，以及个体外观模式，就像不同金属的混合创造了新材料，其拥有的形状和颜色特性是前所未知的一样。

在这个被谢拉特称为“欲望多样化”的过程中，美索不达米亚扮演了什么角色？底格里斯河和幼发拉底河冲积平原上的村民缺乏独特的原材料品种，但他们的地理位置优越；因此这些村民可以充当中间人的角色，将来自土耳其山区和波斯湾沿岸潟湖等不同地区的商品混合、搭配在一起。谢拉特指出，将酵母从栽培水果转移到麦芽谷物，这一步的意义尤为重大，标志着发酵面包和小麦啤酒的诞生（这一创新随后与葡萄一起转移到另一个谷物丰富的冲积平原——公元前四千纪晚期的埃及）。在扮演创造性中介这一角色的过程中，美索不达米亚的村民重塑了家庭的社会结构，以便提高生产力，传播新的消费方式，完善商业技术。考古记录尤为清晰地记录了这个重塑过程中的某些方面，它们奠定了城邦生活的文化基础。

首先，我们会立刻惊讶于整个美索不达米亚平原上村庄建筑环境的同质化。这种情况意味着，假设一个来自伊拉克南部的村民进入 1000 千米外土耳其高地上的一栋房子，那里的家居布置会让他觉得宾至如归：一个长长的 T 形大厅，一端有一个集中的炉膛，炉膛分出一系列的耳室。他还会认出一系列熟悉的陶瓷餐具，如带柄的酒杯和带嘴的罐子。这两种器皿都是这一时期的新器物，它们的传播意味着广大地区采用了共同的待客方式，或许还有共同的仪式习俗。陶器上出现的新的共性，在一定程度上是由于采用了慢速陶轮（一种在中心枢轴上手动转动的圆盘）。它的投入使用提高了装饰陶瓷的产量，使器皿的形状和装饰达到了一定程度的标准化，也使极具个性化的手工制品不复存在。陶轮的使用也象征了对家庭手工业（或许是专门针对女性劳动力）的控制更为严格，其过程包括：对家庭内部的任务进行空间隔离和引入限制行动的机械。

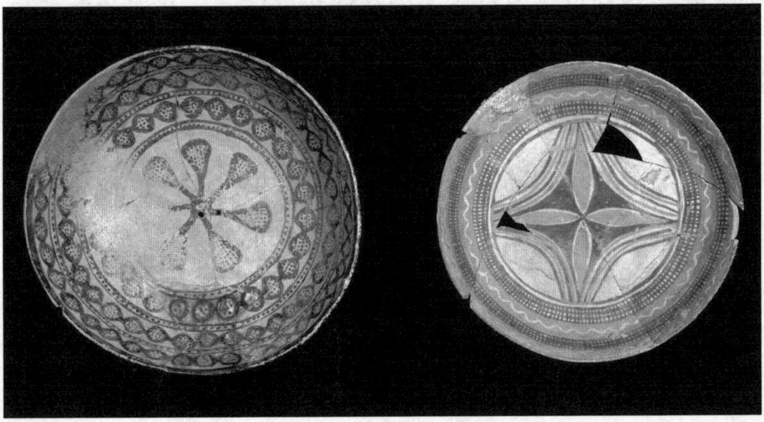

图 8　陶瓷餐具，来自伊拉克北部，公元前六千纪（哈拉夫时期）

黏土的面貌变迁

直到公元前四千纪，还没有证据表明近东地区使用了驮驴或牛车，因此那时欧贝德村落之间的货物流通规模可能还相对较小。然而，通过使用特别的记账工具和商品标记技术，人们发明了新的贸易监管形式。所有这些都基于一种单一的交流媒介：黏土，黏土形成了习惯上的契约信物，后来它又带有印章的印记和最早的文字符号。

自新石器时代以来，在整个新月沃地，关于孕妇和家畜的图像以及几何符号的泥塑为社群提供了一种共同的符号语言。几乎从农耕时代开始，塑造、烧制甚至打碎这些微型器物的手工过程似乎就与重要的社会交易密切相关。这种社会交易可能还涉及亲属、动物和其他物品的交换。公元前 7000 年左右，在美索不达米亚北部，针对储物器皿的专门的密封做法得到发展，因此黏土在规范商品转运方面的象征性作用也得到了扩展。这种密封做法是在容器口上放置整条湿黏土，然后用石雕辟邪物（该物兼具个人装饰品的作用）按压，这样就留下了一个独特的标记，可以用来追溯产品的原产地——特定个人或团体。

这一看似微不足道的发展将产生深远的影响，在今天的消费文化中仍然有体现。泥封的存在证明了包装及其内容物的完整性，这对有机食物来说尤为重要。泥封的存在也有可能降低与不熟悉的合作伙伴之间的交易风险。但它也在商品的流通和消费里带来了神秘化的新可能。那时和现在一样，破坏封印总是会扰乱先前的一系列关系：被封印物品的所有者、用来固定物品的封印的所有者以及刻在封印表面的图像所召唤的力量（有时是超自然的力量）之间的关系。因此，破坏封印既是一种侵犯，也是一种诱惑，它开始引发一连串的后果，这些后果并不总是可以预见的，而且可能导致不幸。封印有可能改写社会历史，因此其本身往往被视为不祥的和危险的物品。后来，美索不达米亚的“梦境预兆”赋予它们神奇的力量，包括产生

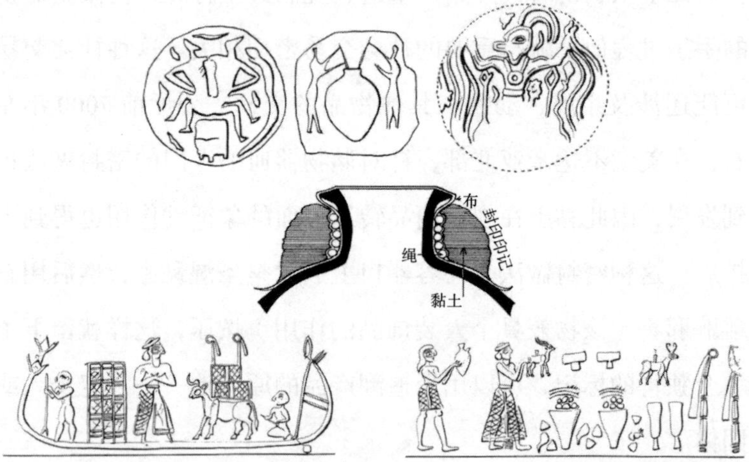

图 9　储物器皿密封黏土上的图像和密封装置的图案（上图：印章印记，公元前五千纪晚期或前四千纪初期；下图：滚筒印记，公元前四千纪晚期；美索不达米亚和伊朗西部）

或毁灭后代的力量。

随着欧贝德时期商品种类的增多，印在这些商品泥封上的微型图案也变得更加生动和丰富。在这些图案中，我们可以看到新的兽类图谱，其中有真实的和虚构的动物，它们摆出暴力的或交配的姿势；有表现盛宴的场景，其中人们饮酒作乐；还有一个羊面人身的混合式画像，它高举着一对蛇。这些迅速扩大阵容的角色和制造它们的真实人类一起，现在正守卫着商品世界，占据着在产品和消费之中重要的社会想象空间。泥封在被打破并从容器上取出后，还可以作为交易记录保存起来。叙利亚北部萨比·阿比亚遗址的证据表明，这从一开始就是泥封的用途之一。通过商品交换形成的关系记忆成了一种重要的社会商品，随之而来的是控制这种新型社会商品的新的可能性。

在公元前四千纪中期，另一种新的商业技术出现了：在被称为 bullae 的空心黏土球内装入一组微型商品代币。这些球的外表面有印章的印记，也有与球内代币相对应的数字符号的印记。在空心黏土球、印章和代币的联合使用之后，很快第一批刻有数字符号的泥板出现了，其上面同样覆盖着印章印记。负责组织数量空前的人和物的城邦机构提供了一个场景，其中黏土作为符号接受者的既定角色，进一步从存储和交换的物理过程中抽离出来。刻写笔很快就会成为封印的补充，来分类、量化抽象信息，除此以外，这些信息以官僚的方式来处理。

黑暗千年

总之，公元前五千纪时，城邦化尚不明显，政治集权缺席，当时是一个显著的文化共生时期。这种发展模式的中断可能开始于美索不达米亚南部，始于波斯湾的独特环境。目前的重建工作表明，在这一时期，波斯湾的环境条件发生了显著的变化，但这种变化是局部的。波斯湾大部分水域只有 35 米深，仅在 12000 年前，大部分地区还可以步行穿越。曾经的海湾浅盆地无疑是渔民、猎人和觅食者的聚居地，但从公元前五千纪起，来自阿拉伯海的海水逐渐填满海湾浅盆地。这些群体也因海水的来临而去往更高处，因此与美索不达米亚冲积层的居住者有了更密切的接触。在最南端的霍尔木兹海峡都有欧贝德时期的上菜容器及其当地的仿制品。如果不是因为公元前 4000 年左右气候开始恶化，人们顺着这些（寻找木材、金属和宝石的）路线进行贸易活动，肯定会继续向东扩展到印度河。

在海湾地区工作的考古学家将这一时期称为“黑暗千年”：这是阿拉伯东部海岸线局部地区极为干旱、人们放弃居住地的时期，与美索不达米亚的城市革命以及苏美尔贸易重新面向北部和东部的定位相吻合（这一点引人联想）。苏美尔与阿曼湾的海上联系暂时中断，直到青铜时代早期（约公元前 3000 年）才完全恢复。到那时，美索不达米亚人沿着幼发拉底河向北咄咄逼人地扩大贸易联系。他们的活动无疑改变了从埃及到中亚沙漠地区的众多社会的命运。

第五章 Chapter 05

城邦的起源

登上乌鲁克的城墙来回走走！

看看那基石，验验那砌砖！

. . . .

三点五平方英里[①]，是这个乌鲁克的面积

［找出］铜的地基箱，

［打开］铜锁，

掀开盖子，看看藏在里面的东西……

——摘自《吉尔伽美什史诗》

（公元前两千纪，B. R. 福斯特译）

被称为《苏美尔王表》的楔形文本描述了王权从天上降

① 1 平方英里约为 2.59 平方千米。——编者注

临到美索不达米亚平原众城邦的情景。王权从天而降，是不请自来的诸神的礼物。人类既没有完全拥有过王权，也没有给予王权同等的回报。它的降临引发了一个暴力循环，众城邦轮流互相攫取王权。从公元前三千纪末到前两千纪，《苏美尔王表》出现了几种不同的修订版本，它精确地列举了每个城邦拥有王权的时间：从吉尔伽美什和牲畜之神杜姆兹等神级英雄长达千年的统治，到凡人的统治。这些凡人的统治年限是以人类的标准来计算的，其存在往往可以从其他资料得到证实。《苏美尔王表》在为当时的王朝权力构建神话世系时，其内容受到创作时政治环境的严重制约，因此无法作为可靠的史料来重现早期的政治历史。然而，《苏美尔王表》的叙事结构将城邦的存在视为无须解释的既定事实，这揭示了对城邦生活的普遍依恋。这种依恋只在埃及文学资料中有着有限的相似表达，它的根源在于更早的变革。

事实上，美索不达米亚城邦化的开端可以追溯到《苏美尔王表》成书前整整两千年，即公元前四千纪。人们对这些最早城邦的政府系统知之甚少。在公元前第四个千年末期，乌鲁克的楔形文字中出现了 en（王）这一高级头衔，后世也出现了对该词的记载，不过其含义可能在几个世纪中发生了很大变化。到了早王朝时期（约公元前 3000—前 2350 年），有了更完整的记录，这个头衔与统治者侍奉城邦之神时的行政和仪式职责有关。在乌尔，君主和军事领袖被称为 lugal（字面意思为“大人物”），而在拉加什城邦，ensi 一词也有类似的含义。美索不达米亚在公元前三千纪之前是否存在宫殿，即有别于神庙的王室住所，这方面的考古证据尚未得到最终确认。当考虑早期城邦政府形式的性质时，我们可以谨慎地关注其他类型的机构，它们在后来构成了城邦生活结构的一部分。其中包括大神殿，它供奉的特定神灵据称与该城邦有特殊的关系，但这种关系不是排他性的；还有城邦长老会；位于城墙内但仍遵循传统家族组织的区域［尼古拉斯·波斯特盖特称之为“城市村落”（Postgate，1992）］；以及城邦港口里位于防御工事之外的商业组织。然而，正如我接下来要讨论的那样，即使缺乏直接的文字记载，公元前四千纪的物质证据也为我们提供了最可靠的证据，表明世界上最早一批城邦的社会和经济生活的特性是怎么样的。

以村庄为基础的社会是我们理解公元前四千纪时城邦起源的切入点。值得深思的是，当单个家庭——它们自新石器时代起就是社会组织的既定单位——越来越无法管理流经村庄的商品内容时，这样的社会该何去何从？公元前五千纪是饮食习惯和物质文化开展螺旋式试验和混合的时期。它为商品世界带来了前所未有的多样性，也为本地消费和交换领域带来了新的不确定性。现在广泛流通的许多商品，尤其是乳制品和酒精饮料，在那个时候很容易变质和被故意掺假。乳制品一旦变质或被误食，就会对健康产生潜在的有害影响。产品的多样化也给商品的来源带来了新的不确定性。当商品封印和标签在乡村社会大量出现，并且还带着多种多样的地区风格时，这种不确定性再次加剧了。由于产地多元，金属也可能成分混杂。金属进入锻造和合铸工序后，还会给材料交易增加新的市场流动性（以及不可预见性）。"经济"领域是无法在内部对这种变化加以完全限制的。这种变化涉及社会生活的基本领域，如信任、个人健康和卫生。在本章中，我将论证，城市、文字和规模空前的中央集权机构的出现，在很大程度上是对率先在美索不达米亚南部冲积层产生的不确定性的回应。

乌鲁克，众神的手工作品

大约4000年前，美索不达米亚尼普尔城的文士们写下了一个关于商业起源的神话。该神话被称为《恩美卡尔与阿拉塔之主》（*Enmerkar and the Lord of Aratta*）。在这个神话里，恩美卡尔是苏美尔城邦乌努格的国王和建造者。乌努格城在阿卡德语中被称为乌鲁克，这个说法也在现代考古学中延用下来。在希伯来文的《创世记》中，它与巴别、亚甲和甲尼一起，以"以力”（Erech）的名字出现，是示拿（苏美尔）的早期王国之一。大洪水之后，人们在这片土地上定居下来，巴别塔不幸的一幕就发生在这里。在苏美尔史诗中，阿拉塔之主生活在遥远的高地，那里的环境条件与苏美尔大相径庭。谷物是匮乏的，但山区盛产无尽的贵重金属和宝石。那时还没有贸易和文字（神话故事描绘了它们的起源），恩美卡尔必须得到这些奇珍异宝，好为伊南娜女神建造居所，并获得她的青睐。为了实现这一目标，他历经一系列挑战：必须用敞开的、有孔的网将谷物运往阿拉塔；制作权杖，但不能使用木材、芦苇、金属或任何已知的石头等材料；还要找来拥有世上所未见的皮毛和花纹的斗犬，献给阿拉塔之主，给他的斗犬配对。恩美卡尔为所有这些难题找到了绝妙的技术解决方案。他用发芽的大麦装满了渔网，发明了一种新材料来制作权杖，还（有些狡黠地）制作了一种精致的纺织品，伪装成狗的新皮毛（一举两得！）。他创造性地利用和改造当地资源，从而为城邦带来了救赎，故事的最后，伊南娜女神决定在乌鲁克和阿拉塔之间开展和平贸易。

与所有神话一样，《恩美卡尔与阿拉塔之主》巧妙地结合了真实与虚幻的元素。试图从幻想中厘清现实是不明智的。一个世纪以前，人们将乌鲁克遗址与伊拉克南部的瓦尔卡土丘相提并论。如今，在现代人对城邦和文字起源的理解中，乌鲁克遗址占据了中心位置——这可能只是运气好而已。那里的考古发掘出土了楔形文字的最初发展证据（约公元前3300—前3000年），这些碑文记录了大型城邦机构对商品和劳动力的管理。这些机构集中在土丘中心的一个有围墙的区域内。对周围景观的考古调查表明，这座城邦此时已经发展到约250公顷，居民数量可能多达2万，让美索不达米亚平原上的其他定居点相形见绌。现在一些考古学家更倾向于用“乌鲁克扩张”替代戈登·柴尔德的“城邦革命”来描述这一过程。原因在于，乌鲁克的城市化和美索不达米亚南部文化的影响力扩散是相关的，后者在新月沃地大部分地区的影响扩散和乌鲁克城市化一样显著。

这个扩散效果给人的第一印象，类似于火山爆发。到公元前四千纪后期，伊朗西南部的低地平原及其主要中心（如苏萨）几乎到处都充斥着来自苏美尔的产品。新的定居点出现在了叙利亚幼发拉底河沿岸，如占地10公顷的哈布巴·卡比拉（Habuba Kabira）遗址，除了没有楔形文字外，该遗址在各方面都是乌鲁克的微缩版本。美索不达米亚南部的产品在其毗邻的雨水充沛的北部平原上，开始取代当地的产品或对其形成补充。其更广泛的影响，如同一圈圈越来越细的涟漪，涤荡了托罗斯山脉和扎格罗斯山脉，走向黑海和伊朗高原，最终涌入地中海。在那里，少量美索不达米亚的商品被运输到最南端，直至上埃及。商品封印也跟随流通的过程来到异地他乡，并得到改良，能够与本地器皿一起使用。

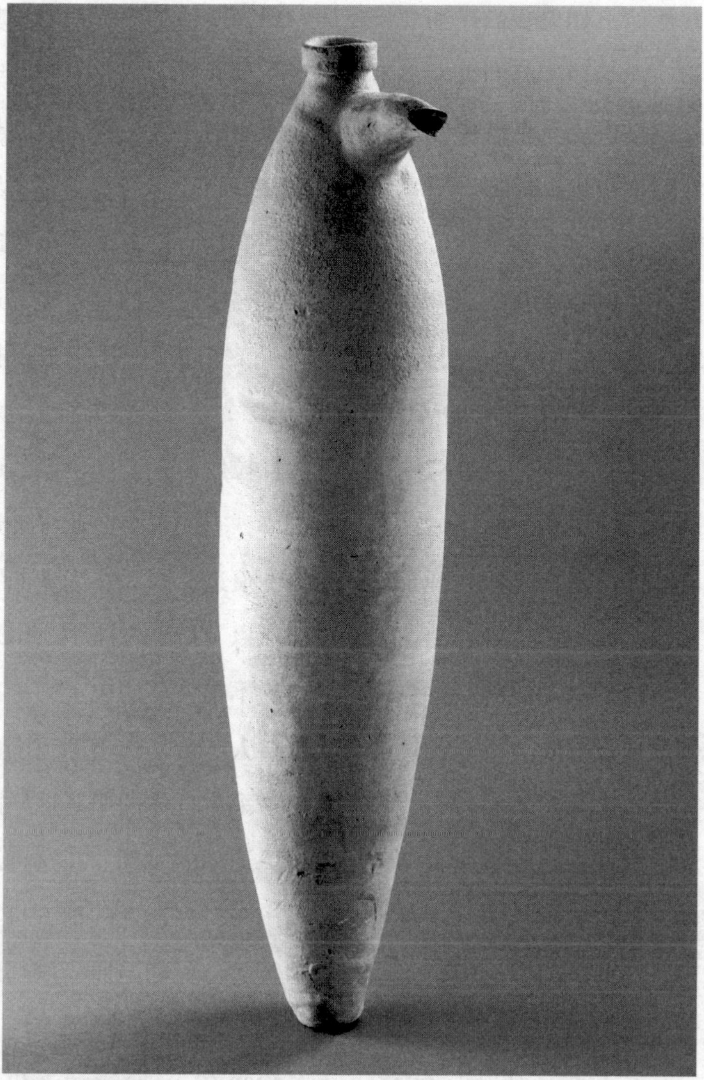

图 10　叙利亚哈布巴·卡比拉出土的“乌鲁克扩张”时期的陶瓷注酒器，约公元前 3200 年

然而，如果我们仔细观察就会发现，这种扩散的开始与其说是一次不加区分的爆发，不如说是一系列从南到北不断升级的战略推进。几个世纪以来，许多受影响的地区一直在向城邦生活稳步迈进，并拥有了本地的官僚管理制度。这些制度虽然没有出现文字，却是欧贝德习俗的直接产物，比方说使用封印和标准化的度量衡。吉列尔莫·阿尔加兹所定义的乌鲁克“迁徙地”和“前哨站”（Algaze，1993），依据商业的逻辑进行扩张。它们占据了重要的贸易走廊的缝隙，无论是陆路还是水路。即使找不到这种缝隙地带，从幼发拉底河上游到伊朗西部的高地，只要当地有居住区，无论大小，它们都会由此渗透进中心地带。考古学家发现了这种渗透的痕迹，因为在当地的物质文化，比方说建筑、储藏和盛放器皿以及记账方法中，出现了与本地形式不同的乌鲁克风格。这绝不是人类历史上第一次大型的迁徙冒险，真正的迁徙冒险是指人类最初在全球范围内的扩张以及随后新石器时代农民对狩猎采集群体的驱赶这样的活动。然而，这是首个类似于近世殖民运动的实例。在这种运动中，整个社群从城邦大都市中分离出来，在遥远的地方自我重建，与此同时，它们仍然保持着独特的身份和与原籍城邦的正常贸易关系。

一千年后（约公元前2600—前1800年），哈拉帕文化扩张的中心也拥有类似的能力，即在印度河流域内外的广大地区维持住扩张社群的关系。这两个网络（乌鲁克和哈拉帕）的其他相似之处，暗示它们拥有共同的基本组织原则。在这两种情况下，不同人口阶层之间都不存在世袭的不平等（例如丰富的王朝墓葬形式），这让其更为瞩目。同样，在它们的商贸网络中，各种规模的居住区在形式上都非常相似。巴基斯坦信德省的摩亨佐达罗和乌鲁克这类特大型遗址（均占地约 250 公顷），基本上是几公顷或更小的遗址的放大版。正如丹尼尔·米勒（Miller，1985）之前指出的那样，在规模迥然不同的遗址中发现任何一种布局上的相似性，都表明相关社会的一些重要特征。

同样引人注目的是米勒指出的物质文化领域的“个性化缺失”；在规模不一的遗址中，从房屋形式（包括使用统一尺寸的泥砖）到陶瓷器皿，“个性化缺失”都普遍存在。因此，占据乌鲁克中心城墙区［后期称为“埃纳”（Eanna）］的大规模建筑群，沿用了长期以来形成的普通家庭的三分规划；这也印证了人们的观点，即这些建筑是根据古代乡村生活模式而设计的“众神之屋”。从卫生、储藏、待客和食物准备等日常家务活动中诞生的仪式实践，以庞大的规模再现每种家务活动，并且着重强调了集体性而非排他性参与。例如，乌鲁克埃纳建筑群的大会议厅可同时容纳三百人，摩亨佐达罗中心的大型沐浴设施也是如此（在早先的研究中，我曾试图表明可以用类似的方式描绘埃及，即从日常生活的微观实践中产生等级制度，但我特别强调身体本身作为国王、神和凡人之间关系的隐喻和中介；见 Wengrow 2006，以及本书第八章）。

然而，这种放大的过程也涉及集体生活特征的重大变化，这在生者与死者的关系上尤为明显。乌鲁克文化网络中的遗址几乎没有人类遗骸，类似情况也出现在哈拉帕文化区。死者似乎被赶出了生者的空间，被移至聚落围墙外的特殊墓地。叙利亚北部纳加尔城（布拉克遗址）附近的马吉努纳遗址就是一个例子。在有更多记载的历史时期，我们可以看到，伴随着城邦化进程，在对待死者方面出现了类似的变革。例如，菲利普·阿利埃斯（Ariès，1994）报告说，罗马法典“禁止在城邦内埋葬死者……这样才能保持居民住宅的神圣性”；早期教父们后来认为，室内埋葬污染了“基督的身体”（即上帝之城以及按照上帝形象创造的居民）。公元前四千纪，美索不达米亚人越来越系统性地将死者迁出定居点，这表明城邦的发展与新的洁净和传染概念有关，这也对商品世界产生了影响。

商业之轮

美索不达米亚城邦崛起之时，恰恰也是大规模商业和大规

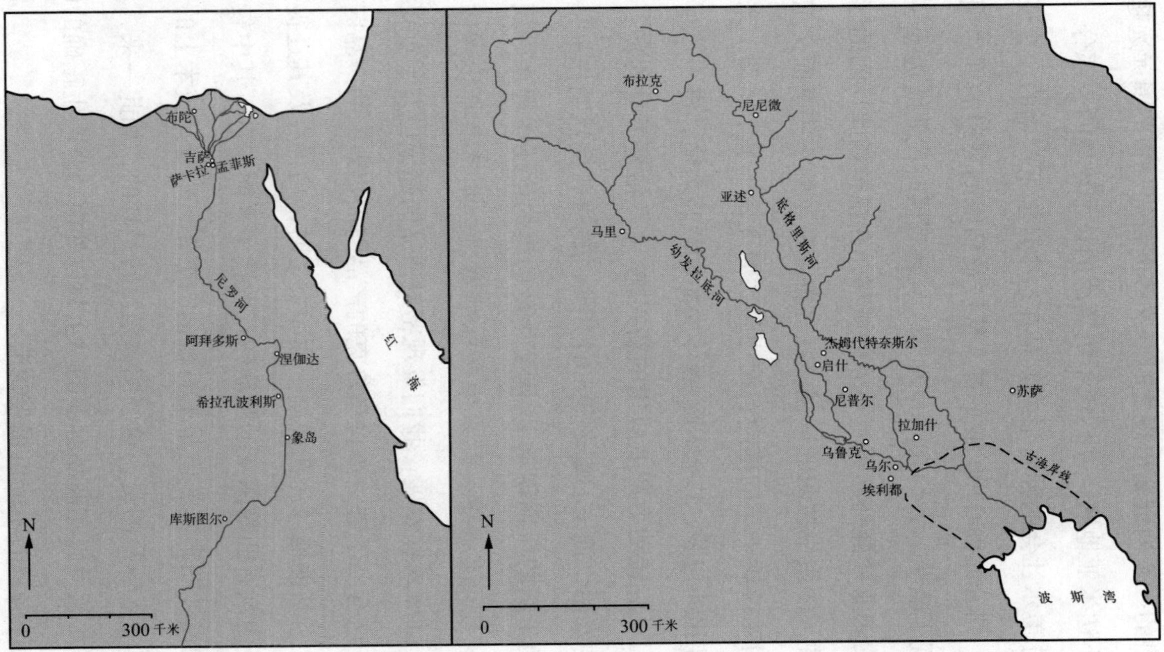

地图 5　埃及和美索不达米亚的主要遗址，约公元前 4000—前 2000 年

模农耕的一系列创新出现之时。这些创新的分布范围远远超出美索不达米亚地区，并构成了更宽泛的技术环境的一部分。埃及和苏美尔社会的独特形式就是在这个环境下产生的。有证据表明，到公元前3300年左右，从埃及到伊朗高地的周边地区都出现了驮驴。大约在同一时期，从新石器时代北欧边缘星罗棋布的农业社群到苏美尔平原的城邦，在幅员如此辽阔的区域都出现了使用牛拉犁的证据。在乌鲁克最早的一些书面文献中也有对牛拉轮子车的描绘；使用陶工的飞轮（手工驱动）来生产标准化的包装，以适用于液体商品的散装运输，进一步反映了人们对旋转动力产业应用的新兴趣。（弓钻是更早的新石器时代的发明，而玉石雕刻轮和使用脚踏轮进行陶器制作都是公元前两千纪的后期创新）。陶瓷生产的集约化还体现在采用模块化、工厂流水线装配来生产标准器皿，尤其是盛装液体的容器。随着这些发展，我们发现密封商品的标记也有了重要的改进，这有助于进一步将乌鲁克的产品与周边地区的产品区分开来。当其他地区还在使用平面印章之时，乌鲁克及其迁徙分支已经用刻有凹雕图案的圆筒印章取代了平面印章。其中较为复杂的设计图案其实已是玉石雕刻的杰作，本身是技术上的奇迹；更令人惊叹的是，这些图案是反转呈现的，如此一来，这圆筒印章就可以在商品容器的黏土封口处滚动时产生正确的印记，这样得到的印记也很难伪造。

在推行新的商业战略时，南部冲积层上的城邦享有独特的综合优势。在充足的灌溉条件下，河边土壤的非凡肥力提供了丰盛的谷类作物，不仅可以养活集中的劳动力，盈余部分还可以转化为更精致的食品（各种面包和啤酒）。波斯湾顶部附近的湿地盛产鱼类、螃蟹和海龟，为城邦饮食提供了重要的蛋白质来源，而肉类和奶制品的消费则仅限于节庆场合。乌鲁克、拉尔萨、乌尔和埃利都等主要中心城市还位于三条主要水运轴线的交汇处两旁（幼发拉底河、底格里斯河，以及横跨海湾沼泽地带的东西向交通网），其当时的位置距离现今所在位置约 200 千米。今天，我们需要发挥想象力，将这些早期城邦置于适当的环境背景中。在过去的几千年里，底格里斯河和幼发拉底河河床横向移动，使得这些城邦的废墟得以干燥地矗立于伊拉克南部的中部沙漠之上。但是，这些城邦的城墙防御曾经排列于海岸边。在一些遗址中，例如苏美尔万神殿的最高统治者恩利尔的所在地尼普尔（它守卫着冲积层的北部边疆），河道流经城邦圣地中心的深深痕迹，依然清晰可见。

吉列尔莫·阿尔加兹在他 1993 年的著作《乌鲁克世界体系》中对公元前四千纪的乌鲁克扩张做出了解释。这个解释无疑会得到《恩美卡尔与阿拉塔之主》作者（们）的认同。阿尔加兹认为，商业的关键在于：利用当地丰富的资源，形成具有竞争力的劳动密集型产品出口，以染色和编织纺织品，以及酒精饮料、乳制品、药膏、动物脂肪和油等加工消费品为主。这些产品广泛出现在乌鲁克最早的楔形文字记录中。其中，羊毛纺织品是尤为重要的，正如千年以后，它们为欧洲工业革命奠定了基础。作为一种耐用而轻便的产品，它们易于运输，并且能够汲取熟练的纺织工、轧花工和染色工带来的附加值。有文献详细记载了纺织业及其在远距离贸易中的核心作用。这可追溯到公元前三千纪，当时苏美尔的宫殿和神庙产业使用大量的劳动力（主要是女性），对数千吨原羊毛进行例行加工。

一部分纺织品成品通过专业商人的网络定期对外交易，最远到达安纳托利亚中部（今土耳其）的消费中心。如今，在那里，开塞利附近的卡内什遗址中保存着亚述后期（约公元前1900年）贸易迁徙地的商业档案。它们揭示了一种组织严密的双边贸易，而多个城邦利益相关者之间复杂的信贷安排为其提供了支持。锡（青铜的重要组成部分）和精美的纺织品在这种信贷安排的支持下，通过驴队向北进入安纳托利亚高原，而金银则定期从另一个方向流回底格里斯河北岸的阿舒尔城。从公元前三千纪中期开始，白银作为美索不达米亚低地交易的标准度量单位，在固定资产和流动资产的转让中备受珍视。因此，亚述（美索不达米亚北部）商人能够利用相对较少的安纳托利亚白银从更南部的生产中心大批量地购买锡和纺织品，从而获得可观的利润。然后，这些商品又越过托罗斯山脉进入需求旺盛的土耳其中部，（以非常优惠的汇率）换回大量白银。这些白银可以再投资购买新商品，用来支持同类商业活动的进一步发展。这是青铜时代风险资本主义的巅峰之作。

阿尔加兹认为，到公元前四千纪晚期，美索不达米亚出口商品的消费者已经形成了一条延伸的供应链。这条供应链将原材料（如金属、木材和宝石）从一个广阔的集水区送到南部冲积层的城邦中心。因此，我们发现不同规模的乌鲁克飞地占据着扎格罗斯高地的通道（通往伊朗高原铜矿资源的通道，以及在这通道之外的阿富汗的青金石矿），以及幼发拉底河上游的托罗斯山脉（通往安纳托利亚铜、银和金矿的通道）。这一关于延伸供应链的论点在本质上是令人信服的，但留下了一个根本性的问题：为什么美索不达米亚南部生产的产品一开始会如此受欢迎？毕竟，许多相关产品已经在邻近地区生产，所以它们长途跋涉的出口有点多此一举。为了回答这个问题，我们应该更仔细地研究乌鲁克最早的书面文字。不过，首先有必要简要界定一下这里的“书写”是什么意思，以及不是什么意思。

书写："国家的唯灵论"

恩美卡尔的故事创作于楔形文字发明的一千年后。在故事中，书写的发明是为了传达乌鲁克国王向阿拉塔之主提出的挑战。国王的话太长，使者记不住，于是恩美卡尔这位创新者把话刻在了泥板上。鉴于现代人习惯于依赖书写来远距离传递语言，我们可能会认为这是书写起源的合理背景；但我们错了。

事实上，最早的楔形文字铭文主要是由表意文字组成的；这些图形符号代表的是观念，而不是音素等语言单位。这些符号通常与数字和计量符号相结合，其中包括各种家畜、鸟类、鱼类、植物、石头、金属（和金属工艺品）、纺织品、奶制品以及职业角色和头衔的符号。但是，这些符号的结构排列并不遵循自然言语的线性结构，而且也从未打算这样做。相反，楔形文字使用了一种与数学符号相适应的视觉格式，将碑面分成竖着排列的方框，每个方框包含表意文字和数字的组合。这很容易解释为，楔形文字的设计初衷是为了满足官僚机构的记账功能。激发楔形文字发明者灵感的"缪斯女神"不是史诗、歌曲或王室法令，而是相比起来毫不逊色的、在早期城市的大户人家进出的商品流通语言。随后，楔形文字经过几个世纪的改良，才表现出口语的语法和句法，并最终用来记录文学作品。大约在公元前第三个千年中期，一个重要的刺激因素出现了：

当楔形文字被越来越多地用于书写非苏美尔语言的元素，如叙利亚埃卜拉和马里使用的闪米特语言，文化的交融再次成为发明之母。

马克思将官僚主义描述为“国家的唯灵论”。它创造了一个幽灵实体精心巡视的领域。这些幽灵实体其实就是代表众生万物的符号，与真实的人和物体并存。最早的书写符号正是这种性质的，它们代表具体事物而非语言单位，并在一个封闭的系统中表示着事物不断变化的关系。在这个封闭的系统中，数量、秩序和等级是唯一重要的价值维度。正如我在其他书中更全面地讨论过的那样（Wengrow，2006），在埃及，书写的出现与商品世界有着类似的密切关系。与美索不达米亚一样，埃及文字的发明与物质产品的标准化和专门标记系统的采用有关，其中包括使用圆筒印章这种舶来品来对产品进行分类和区分。那些已知最早的象形文字铭文，大都或多或少地与消费品的区分和等级有关。它们出现在标签、印章或其他标记上，这些标记应用于普通的、大规模生产的商品包装箱表面，通过将其标识为王室庄园的产品、异国情调的奢侈品或某类产品中的“最佳产品”，以赋予包装箱里的物品某种特殊起源。在埃及，这些标记系统的早期发展与精英丧葬仪式的组织和实施直接相关。在这些仪式中，大量财富从流通领域中被提取出来，用于装饰已故国王和朝臣的陵墓——官僚机构为祭祀服务的一个显著例证。

为了使行政表征这样平行的世界发挥作用，现实物体和生命体（包括人和动物）也必须朝着一致性的方向发生一定程度的变化：一个容器、一个金属单位或一头牛和另外一个容器、另外一个金属单位、另外一头牛一样。乌鲁克早期楔形文字语料库中存在的大量非数字符号表明，乌鲁克文化强烈抵制这种僵化的秩序体系。已证实的表意符号有1500多个，其中许多使用频率颇低。尽管如此，向标准化的转变还是对美索不达米亚的经济和社会产生了深远的影响。

神圣的商品：来自美索不达米亚的产品推广策略

从乌鲁克遗址总共复原了约五千份楔形文字文献，其年代介于公元前3300至公元前3000年之间。相比之下，南部冲积层的其他中心出土的楔形文字数量要少得多。其中一小部分是术语表，不仅和特定类型的木材、金属、奶制品等产品相关，也包括专业的手工艺品和城邦管理中的等级地位。这些清单最有可能是一种辅助记忆的工具，帮助我们了解抄写员培训的内容。不过，现存的大多数文件要么是简短的货物收据，要么是最初被编入商业档案的更综合的账目。当这些档案所包含的信息不再具有任何实用功能后，它们或被丢弃在伊安娜神庙建筑群附近，或被用作后来建筑的地基。

然而，从其内容可以推断出，书写系统的主要应用在于根据产品的组成材料、成分和劳动力来区分产品的子类别。劳动本身被量化为标准的、商品化的计时单位，这就是六十分钟一小时制的由来。同样的计算系统也扩展到了特定商品，尤其是谷物；像月和日这样的时间值也作为标准商品单位发挥着双重作用。在这些商品中，我们可以看到各种等级和口味的奶酪、牛油和脂肪。根据记载，作为油脂和干蛋白来源的鱼类约有 80 种。但目前为止，最常见的账目涉及谷物的支出，包括用于生产发酵谷物产品（面包和啤酒）的大麦芽、麦片和面粉等半加工形式的谷物。成品的精细分类反映了纯度、强度和口味的区别，而调味品和香料的添加则进一步加强了其中的不同。抄写员们还根据网眼的疏密度和重量对编织品进行区分，某些优质羊毛和纺织成品被指定为“适合献给恩”的：如前所述，这是抄写员的一种重要的管理职能，可能包括向城邦神的神像献祭。

那么，关于负责编制这些账目的机构，我们还能推断出什么呢？很明显，即使生产生活的大部分环节实际上都发生在城邦的其他地方或城墙之外，这些机构依然能够影响苏美尔经济各部门之间劳动力和资源的流动。文献中对成分的精确测量和分类进一步表明，经过这些城邦机构的产品受到质量控制系统的把关，使其有别于其他地方广泛供应的、管理较松的同类产品。食品的楔形标志通常是对储存和运输食品的陶瓷容器的描绘，表明包装本身成为成品身份的重要标志。反过来，容器也用机械制作的图像密封了起来，后者表明容器与著名的公共机构的联系。许多用圆筒印章生成的图像似乎非常直接地解决了来源和信任问题。有些图像描绘的是陶瓷、乳制品和纺织品生产过程中的场景（与女工密切相关，她们有着独特的双马尾发型）。其他一些作品则描绘了一个留着胡须、戴着头巾、穿着编织裙的标准男性形象，或许可以对应到那时书面文件中的“en”。他正在收纳整理和运输成品，或将它们献给神庙：这一行为意味着这些成品是适合纳入向神灵献祭的常规仪式的。

印章之于表面的图像，就如同可重复使用的铸模之于三维物体的生产：如果瓦尔特·本雅明的眼光不局限于古希腊人的话，他可能会说，这是第一个机械复制时代的艺术品。对乌鲁克时期容器上的泥封进行分析表明，这些封条有时会与所附产品一起旅行数百千米，但它们的应用对当地城镇消费者的意义同样重大。他们的世界已经是一个标准化商品的世界，在某些方面我们对此非常熟悉。在日常生活中，因为生产流程被延伸的专业化劳动链条所分割，他们身边的大多数成品都不再带有生产者个人身份的任何可见痕迹。而成分来源多样以及原材料的复杂混合，进一步导致商品的来源变得越来越难以辨别。

为了解决这些新的不确定性，印章制成的图像给原本默默无名的商品虚构了传记——通常会编造出一个神圣的起源——这与现代品牌贴标签的方式大体类似。毫无疑问，印章还被用于其他更直接的官僚目的，如经济账户的授权。然而，它们构成了我们完全有理由称作世界上第一个“品牌经济”的东西，后者解决了从城邦起源至今所有大规模经济体系（无论是资本主义还是非资本主义）所共同面临的一个悖论：生活在一个由个体行动者组成的社会中，人与人之间的关系必须经由非个体的商品流通来建立并维系。

第六章　Chapter 06

从恒河到多瑙河：青铜时代

因此，对世界体系的研究必须考虑文化和宗教如何涵盖经济。

——菲利普·博雅尔，《16世纪前欧亚大陆和非洲世界体系中的印度洋》(Beaujard，2005)

有一片广袤的高地矿产资源带，从阿尔卑斯山到喜马拉雅山，一直延伸至印度洋，地质学家有一个专业术语来描述它：欧亚成矿带。它穿过高加索山脉和扎格罗斯山脉，然后一路蜿蜒至帕米尔高原（"世界屋脊"）。在其沿线的不同地点都蕴藏着金、银、铜和锡（铜和锡是制造青铜器的必要成分）。在中生代，成矿带在欧亚板块和非洲阿拉伯板块的碰撞中崛起，它横跨的区域，两亿年前曾经被称为特提斯洋——沧海桑田，这片广袤的水域早已不复存在。成矿带东西向横越了大相径庭的生态环境。因此，世界 1/4 的矿产资源就像在创世之初被某个捣蛋鬼从温带山谷抛撒到了亚热带海岸线。但是，正如我接下来所描述的那样，青铜时代人类构建的世界——一个逐渐由掠夺性精英所主宰的世界，在合谋将被地壳原始运动分开的世界重新组合在一起。

欧亚大陆西部的转变（约公元前 3000—前 2000 年）

对于考古学家来说，“青铜时代”已成为描述近东公元前三千纪和前两千纪的一个传统术语。然而，究其根源，该术语来自欧洲史前史的分类，在欧洲史前史的研究中，时间必须在没有文字资料的帮助下得到测量。从起源上看，它形成了“三时代体系”（即石器时代、青铜时代和铁器时代）编年方案的一部分。该方案最早出现于 19 世纪初，旨在反映考古记录中切割工具的变迁顺序。这一方案在欧洲产生的一个副作用是将年代学研究与技术变革研究联系起来，而技术变革被认为是一个人类对自然界的干预越来越不受限的过程。研究古埃及和美索不达米亚的专家主要通过文本和图像资料来做研究。他们使用的年表则是根据重建的王朝统治顺序，和欧洲史前史使用的年表不一样。在这样的研究中，王室公告和国王名单往往会将盆罐、工具和武器的喧嚣声淹没。因此，考古学家所说的“青铜时代早期”——广义上是公元前三千纪——包括美索不达米亚的“早王朝”时期和埃及的“古王国”时期，以及这两个时期的前后时段，这些时段有着自己的传统名称和细分时期（见第Ⅲ页“年代图表”）。

长久以来，尼罗河、底格里斯-幼发拉底河和印度河等大河流域被大片人烟稀少的土地隔开，因此被视为孤立地孕育了青铜时代的文明。它们的周边地区例如波斯湾和中亚的大山间盆地，长期以来被视为休眠地带，耐心地等待着公元前1000年丝绸和香料之路黎明的到来。人们认为，只有在具有特殊农业潜力的地区才会出现城市生活。在那里，一条主河道将人们和当地资源缩聚至共生关系中。然而在过去的几十年里，新的实地考察证实，之前的传统理论显然必须被摒弃。埃及、美索不达米亚和印度河流域确实是青铜时代早期主要的人口中心和创新中心，但它们并非孑然独立。

有城墙的城市例如沙赫达德（Shahdad）和沙赫里索克塔（Shahr-i Sokhta，意为“被焚之城”），规模可与美索不达米亚低地的城市相媲美。到公元前2500年，它们的网络遍布伊朗高原，占据了位于荒漠（卡维尔盐漠和卢特荒漠）边缘的大型内陆河流域。雅亚遗址和塔利-马尔彦等城镇也在美索不达米亚和莫克兰海岸间的陆路上涌现，夹在扎格罗斯山脉密集褶皱间有着充沛雨水的河谷里。在遥远的北方，安纳托利亚高原和兴都库什山脉之间山壁（厄尔布尔士山脉和科佩特山脉）的径流形成了其他冲积飞地：内陆三角洲——包括泽拉夫尚河、捷詹河和土库曼斯坦的穆尔加布河——流入克孜勒库姆沙漠和卡拉库姆沙漠的黑沙中。公元前三千纪，在这片肥沃土地上建立的城市定居点逐渐由西向东转移，最终形成了有城墙加固的绿洲城市：巴克特里亚和马尔吉亚纳（约公元前2100—前1800年）。这些城墙高耸的古城拥有引人注目的堡垒和蓬勃发展的手工作坊，与欧亚大草原上的游牧民族保持着联系。这些游牧民族的季节性迁徙一直延伸到中国边境。大约在同一时期（约公元前2200年），规模较大的复杂城镇出现在波斯湾，从阿曼北部沿海地带一直到巴林岛（历史上的迪尔蒙）。

这些新世界的共同特征比它们之间的差异更容易界定，后者体现为社会和仪式组织的差异，反映了它们不同的生态和文化基础。每个地区都有能力获得广泛的资源，包括维持当地制造业的农产品，以及从附近高地获得的金属和宝石等重要商品。它们都占据着肥沃的农田，由各种自流水和河水来灌溉。而且它们处于旁遮普和美索不达米亚冲积平原之间的主要贸易路线上，地理位置具有战略意义。所有这些地方都共享一些基本的商业技术，其历史可以追溯到乌鲁克扩张时期：使用印章（每个大城市的网络都有自己独特的商品标记）、按标准批量生产轮制陶瓷以及将金属锭作为货币流通。人们通过在考古遗址中发现的石砝码精心重建了度量衡系统，该系统在那个时候也是通用的。鉴于这种惊人的相似性，其他经济组织技术，如农业庄园的管理，似乎也被广泛地共享。然而，美索不达米亚以外的地区缺乏详细资料。在安纳托利亚大地上，还有一个防御工事聚落网络，规模较小但组织类似。它连接着爱琴海北部的水域，并向温带欧洲的边境延伸。埃及王国也是这个诸多社会大家庭的一部分，但正如我将在第八章中讨论的那样，在一些重要的层面上，它与欧亚大陆的邻近城市也有不同之处。

这些不同地区间的关系超越了形式上的相似性。陆路和海路组成了一个广泛但松散的商业网络，每一个地区都构成了其中的一个环节。从地中海东部到喜马拉雅山山麓的各个社会，通过这个商业网络和彼此的经济命运紧密联系。各种商品，特别是金属，在它们之间不断流通，印章和砝码等商业工具也在其间自由流动，大宗运输的主要技术（驴车、牛车和帆船）也是如此，所有这些都是公元前4000—前3000年的成就。印度河流域的城市与波斯湾的商埠采用相同的度量衡标准，而后者的度量衡标准又与美索不达米亚低地的一致。这里提及的美索不达米亚低地，最北端可到埃卜拉，甚至可能更远。这种规模庞大、复杂程度超高的贸易，至今仍往往被视为现代世界的独有特征。

链条中的纽带：青铜的作用

青铜时代号称是技术变革的时代，因此我们必须谨慎对待。青铜是铜和锡的人造合金，其机械性能优于纯铜。锡的加入增加了硬度，使武器更坚固，刀具更锋利，同时也降低了整体熔点，使铸造更容易。人们曾普遍认为，这些技术优势的发现导致青铜技术从近东迅速传播到欧洲中部。公元前 2300 年左右，欧洲中部地区开始出现青铜器（由德国厄尔士山脉开采的锡制成）。但现在看来，早在公元前三千纪初期，人们发现锡青铜之前，纯铜的机械性能就已经被取代了。早在那之前的一千多年，人们就开始通过熔炼富含砷的铜矿第一次提高了材料的性能，制造出了在硬度和易铸造性上可与青铜媲美的砷铜。在矿藏丰富的伊朗高原，直到青铜时代前，砷铜一直是切割工具的首选材料。埃及人在公元前两千纪之前也一直抵制这种新合金锡青铜，他们似乎认为它的价值低于纯铜（非合金），因为纯铜更适合用于制造王室造像和神像，以及其他用于祭祀的器物。

即使是在那些采用锡青铜的地区，其最初的应用似乎也和机械效率没什么关系。在公元前三千纪期间，这种新材料在三个特定地区受到最热烈的欢迎：美索不达米亚低地、安纳托利亚中部和爱琴海北部（包括特洛伊附近的海岬和邻近岛屿）。

在这三个地区，青铜的出现都与黄金消费量的增加，以及一系列用于制作具有强装饰性金属制品的新技术的出现相吻合。在这些制品中，器皿和精致的个人饰品占大多数。个人饰品包括令人眼花缭乱的各种别针、戒指、王冠、头饰、项链和手镯。在这些制品中，我们可以发现一些最早的珠宝装饰技术，如颗粒工艺、镶石、镀金和雕镂，它们至今仍在被广泛使用。其中许多技术都是在美索不达米亚的城市作坊中首创的。最初，青铜在消费模式上更接近于黄金和青金石（见第二章），而非实用的铜。青铜在视觉上因色泽较浅而与实用铜区分开来，青铜的沉积环境也进一步反映了这一点。于苏美尔和爱琴海之间出土的一系列青铜器在装满财宝的陵墓和隐藏的宝藏中来回跳跃：从乌尔的王室陵墓到特洛伊的宝藏，以及被精心埋藏在波利奥赫尼和埃伊纳岛的珠宝。最后一批物品埋藏在科罗纳遗址的房屋地板下，其中有一种独特的红玉髓珠，带有蚀刻装饰。这种蚀刻技术源自印度河流域的作坊。

冶金史学家塔玛拉·施特希和文森特·皮戈特（Stech & Pigott，1986）认为，选择将青铜作为一种高级的装饰物，首先是因为它的获取方式有限，而物以稀为贵；其次则是因为它在流通上被施加了政治控制。尽管伊朗西部的扎格罗斯山脉也有锡矿，但在青铜时代早期，近东使用的大部分锡与黄金和青金石一样，也是从遥远的阿富汗高地的冲积矿床中开采出来的。这三种原材料的流动都与公元前四千纪末期苏美尔人在波斯湾的海上贸易复兴及其向东延伸有关。印度河流域的商人很有可能充当了这一贸易的中间人，他们维持了阿富汗北部阿姆河（奥克苏斯河）和科克恰河交汇处的战略地位。在那里的肖土盖遗址，发现了一个哈拉帕文化的偏远前哨。但问题依然存在：在公元前三千纪初期，为什么人们在已经流通的一系列贵金属中又增加了一种人工制造的材料呢？施特希和皮戈特怀疑这里存在着一种经济动机，与另一种金属——白银——在美索不达米亚经济中日益重要的地位有关。

正如我在第五章中提到的，到公元前2500年左右，在美索不达米亚低地的城市精英中白银已经成为货币。来自埃卜拉的宫殿档案记录了白银以标准单位（按纯度分类的铸锭，毫无疑问还打上了印记）流通的情况，一次白银转移的总量有时超过数吨。白银的价格与黄金挂钩，被视为购买土地和动产的媒介。但是，当锡的产地集中在苏美尔以东时，银的产地却在苏美尔以西，即安纳托利亚中部和爱琴海北部——正是这些地区追随美索不达米亚的时尚，采用锡青铜来彰显尊贵。由此，青铜的商业意义开始变得更加清晰。青铜与可以在安纳托利亚就地取材的铜或金不同，它是由美索不达米亚精英严格实施垄断贸易的制成品。只要这种垄断继续，他们就可以将青铜用作一种视觉标志，向国内观众和外贸伙伴展示自己的特有地位。对于安纳托利亚和爱琴海地区规模虽小但竞争激烈的社群来说，白银是为加入这个显赫团体所付出的合适代价。而加入它们的标志，就是在活人和死人身上以青铜为装饰，毋庸置疑，也包括在神和英雄的身上装饰青铜。

众神的苏美尔宝库

在考古记录中，于青铜时代早期的城市中心之间流通的金属财富，只有极少部分保存下来。只有在特殊情况下，如王室墓葬中，我们才能深入了解金属制成品的外观。（随着宫殿和王朝精英的出现，长期被驱逐出城市空间的死去的精英在美索不达米亚的家宅中恢复了他们原有的权力地位。）金属的货币形式，如标准金属锭，几乎没有保存下来。原因在于，相对于当代文字资料中记载的大量金属财富，很少有金属财富从城市精英的流通中被永久召回。

当然，也有一些重要的积累财富的中心，特别是神庙和宫殿，临时存放着大量金属。那时的资本积累与现代银行业一样，不仅涉及官僚机构，还包含着强烈的信仰和信任因素，并通过仪式得到加强。神庙作为贸易和投资中心有其稳定性，是建立在其真正的资产永远不会完全变现且（理论上）没有限制的基础上。每座美索不达米亚神庙都是众神的宝库，正如苏美尔人对拉加什巴乌神庙的赞美诗中所说的那样，“永远拥有白银和青金石”。这种虚构是通过神庙作为众神之所的额外角色来维持的。众神的雕像位于神庙中，并定期接受食物、衣物和贵重物品的馈赠。这些仪式旨在确保神灵在神庙中的存在，并展示神庙的制度完善。因此，囤积的资产被视为供养神灵这一道德义务的延伸（见第七章）。神灵的神圣居所主导着低地城市中心的景观，并被诗意地比喻为山，是天然的、似乎取之不尽的金属和矿产的来源（在美索不达米亚神庙的礼仪名称中，我们可以找到“房子，巧妙建造的山”和“房子，纯净的山”）。但积累总是暂时的。储存的金属财富即便不被作为货币用于贸易活动，也是赞助和象征性资本的重要来源；尤其是当它们被神庙或宫殿的工匠精心打造，以武器和珠宝等声望展示品的形式重新进入社会时。

在早王朝时期的美索不达米亚，洗劫神庙成为城市间争斗的一个越来越常见的特征，也构成了一个在苏美尔的哀歌文学中反复出现的特例：

> 乌玛的首领……洗劫了巴加拉神庙，掠夺了其中的贵重金属和青金石；他放火焚烧了杜格鲁神庙，掠夺了其中的贵重金属和青金石；他洗劫了阿布祖埃格；他放火焚烧

> 了加图姆杜格神庙，掠夺了其中的贵重金属和青金石，并毁坏了其中的雕像；他放火焚烧了伊南娜神庙，掠夺了其中的贵重金属和青金石，并毁坏了其中的雕像。
>
> （《拉加什神庙哀歌》节选；根据 Cooper 1986 版本翻译）

在另一首哀歌中，女神宁格尔为乌尔城中她那被毁坏房屋的断壁残垣而哭泣，银器和宝石的损失再次被认为是造成创伤的一个特殊来源：

> 我的财产，就像一群腾空而起的秃鼻乌鸦，展翅飞离——我将哭喊“我的财产啊”。从南方来的人把我的财产带回了南方——我将哭喊“我的财产啊”。从高地来的人把我的财产带回了高地——我要哭喊“我的财产啊”。我的银器、宝石和青金石四处流散——我要哭喊“我的财产啊”。沼泽吞没了我的宝藏——我要哭喊“我的财产啊”。不懂银器的人手里攥满了我的银器。不懂宝石的人把我的宝石挂在他们的脖子上。
>
> （《乌尔哀歌》节选；根据 Black et al. 2006 版本翻译）

在这里，破坏者不是来自敌对的城邦，而是来自冲积层之外的沼泽和高地；据说那里的人们并不知道白银和奇石的真正价值。关于乌尔的哀歌文学将这些遥远的社会描绘成无知的野蛮人和财富的掠夺者，这无疑反映了城邦精英的文化观点。但其他形式的证据（考古的而非文字的）表明，城市与非城市之间的价值观念差异更为微妙，性质也更为多样，尤其是在金属财富的消费方面。

在体系的边缘：重新审视“野蛮外围”

在欧亚大陆民间传说中，这种故事根深蒂固：宝藏被埋藏在偏远地区，并由占有欲极强的怪物守护。从王者之剑到赐予生命的圣杯，发掘这些宝藏既给普通人带来了力量，同时又因为它们原本是送给神灵或大地精灵的礼物而给人招致不幸。从古至今，这些习俗叙事通过口头而非书面交流流传下来，考古学家常常疑惑于这些故事的来源。例如，博学多才的 R. G. 科林伍德（R. G. Collingwood）认为，民间故事是关于早期社会生活的回忆，它们已与形成这些故事的物质世界脱节，却融入了近代社会的历史意识之中。

这些论点可能会被诟病为虚构或者臆测。但事实是，城市贸易网络的边缘在青铜时代已经形成。在其周围，有一连串松散连接的领土，那里出土了大量精美的金属制品，它们被神秘地埋藏在远离尘嚣的地下。我们在这里讨论的不再是孤立的藏宝库，也不是像在乌尔王室墓中看到的特殊埋葬仪式。这是一种截然不同的现象：大量宝藏被蓄意丢弃，散落在大片地区，时间跨度长达几代人。人们一度认为，这种“地下宝藏”的集中出现代表了流动铁匠的惯用手段——他们在困难时期把宝物埋藏起来，却再也找不回来。但是，这种现象的规模和一致性过于震撼，以至于这种临时给出的解释站不住脚。与此同时，人们在这些宝藏中还发现了许多金属制成品（通常是非常精美的），这也表明需要一种更为复杂的解释。

两个主要的窖藏区分别位于欧洲中部的多瑙河沿岸和印度北部的恒河流域。在欧洲，金属窖藏区沿着黑海和波罗的海之间的主要河流水系分布，形成了一个几近连续的贸易链，将铜和琥珀这两个反向的贸易路线连接起来。这些窖藏区往往聚集在陆上和水上交通要道之间的关隘，以及在通往高地金属产地的受控制的通道周围。它们的最南端分布在黑海沿岸，接近安纳托利亚贸易网络（如前所述）的北部边界，那里有商业密封装置和标准的度量衡系统。这些欧洲窖藏中既有铜器也有青铜器，包括工具和武器成品、装饰性别针（用于固定羊毛斗篷）以及标准货币条（带有独特环状末端的颈环形式）。

在印度，发源于喜马拉雅山西部（靠近印度河最南端源头）的恒河和亚穆纳河之间的地带（即所说的河间地 doab），曾经是森林茂密的平原，那里聚集了数百个金属窖藏地。在这些被埋葬的物品中，我们发现了用非合金铜铸造的大型武器，如鱼叉和斧头，以及一种独特的剑（剑柄呈天线状）。这种剑在遥远的阿富汗北部、高加索和波斯湾地区也有发现。一系列独特文化影响的起点恰好位于河间地窖藏区的最北端，即印度河流域的城市中心，那里有严格标准化的物质文化、固定的度量衡系统，并广泛使用印章来规范交易行为。与欧洲一样，发现窖藏的地方通常紧邻交通要道，例如经由阿拉瓦利山山麓通往拉贾斯坦邦铜矿产地的要道。

在欧洲和印度这两个案例中，金属财富的矿藏都集中在河流沿线。这些路线远离资本积累和大宗贸易中心，但控制了通往高地（“欧亚冶金带”沿线）的入口。这些高地集中了对城市经济具有重要战略意义的矿产。如果我们现在调整一下视角，放大到城市发展的核心（或者说众多核心），我们就会发现这种模式重复出现，呈现出惊人的规律性。在新月沃地的草原和半干旱的边缘地区，人们有系统地将金属制品从流通中收回（它们通常更多地出土于集体墓葬中，而不是窖藏中）。这些地区大致呈环形分布，通常靠近铜和其他矿藏在高地的产地。它们形成了金属沉积的内圈，位于印度和欧洲的森林窖藏区之间，但在城市发展和印章使用的核心区域之外；这像是在人口中心周围形成的一种反向印记。

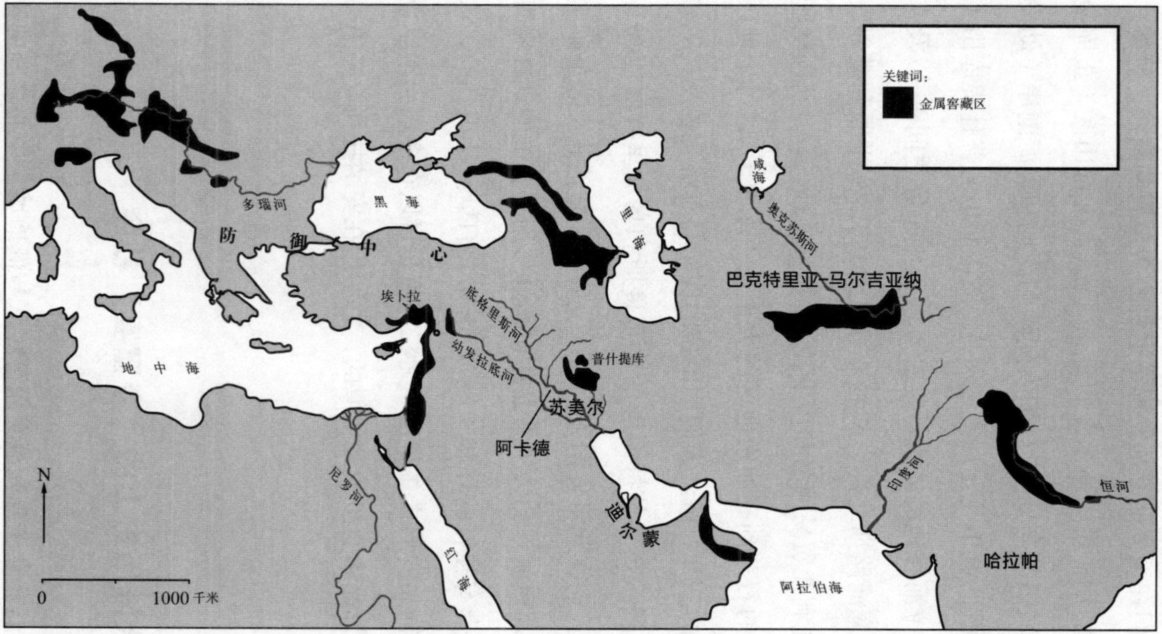

地图 6　欧亚大陆西部城市生活边缘的金属窖藏区，约公元前 2500—前 1800 年

我们在很多地方都发现了这种富含金属的墓葬，例如：阿曼高地的铜矿带（迪尔蒙腹地）、阿富汗北部山区（土库曼斯坦坚固城镇的高处）、高加索陡峭的高地和黑海南岸（幼发拉底河上游的城市化定居点之外）、洛雷斯坦的普什提库山（位于迪亚拉河谷地的城市低地和苏西亚纳平原之间），以及奇里乞亚、塞浦路斯北部、叙利亚-黎巴嫩的沿海平原和毗邻腹地（安纳托利亚贸易网络和埃卜拉王国的边缘地带）。从阿曼和洛雷斯坦的石墓到高加索地区的大土丘（库尔干），每个地区都有独特的墓葬习俗。人们用牛拉的四轮马车将死者及其随葬品送入墓室。在黎凡特海岸的比布鲁斯和乌加里特两地都有海神庙，人们在此将青铜斧、匕首、盾牌和其他武士装备献给海神。在那里制作的人工祭品还包括许多用于装饰的别针和青铜颈环（带有独特的环状末端）。正如人们早已认识到的，这些个人装饰品的形式并非独一无二，而是可以在多瑙河沿岸金属窖藏的饰品中直接找到相似的，它们远在安纳托利亚高原另一侧的北方。

亚欧大陆历史上的“夸富宴”社会

人们常常在对高地金属窖藏区与低地城市中心之间的比较

中，找出根深蒂固的文化、语言甚至种族差异的证据。围绕这些比较，出现了一些绝对的对立词语，比方说："游牧民族 vs 定居者""部落 vs 城市""野蛮人 vs 文明人"。自 19 世纪晚期以来，人们经常将蔚为壮观的金属制品墓葬［"窖藏"（hoards）］与假定的印欧语系群体［"游牧部落"（hordes）］迁徙联系在一起。但是，这种财富消费模式的对比性和对称性并不局限于青铜时代。后来的例子包括斯基泰人丰富的梯形墓葬，它们分布在希腊世界的边缘，希罗多德对此进行过生动的描述；沿着印度次大陆东部海岸线分布着罗马钱币窖藏，与帝国的西北欧边境遥相呼应；以及从斯堪的纳维亚和俄罗斯北部的维京人窖藏与墓葬中发现的大量中亚迪拉姆货币，它们标记出了将奴隶和毛皮运往中东市场的河流补给路线的终点。因此，我们面对的这种财富消费现象，在欧亚大陆历史上持续的时间极长。

一些历史学家在寻求其他的解释方式时，将这种现象与美国和加拿大太平洋沿岸原住民社会举行的夸富宴仪式进行比较。夸富宴是一种仪式比赛，目的是确保无形的权利和特权，如等级、头衔和土地保有权的合法获得。仪式过程的重要组成部分就是公开销毁特定种类的财富，特别是编织毯和铜片。马塞尔·莫斯［2002（1923–4）：47］在《礼物》一书中写道：

在某些情况下，问题甚至不在于要不要送礼和还礼，而在于销毁礼物。销毁礼物就不会让人觉得你期待得到回报。烧毁整箱的蜡鱼油或鲸油，正如烧毁房屋和成千上万的毛毯。打碎最贵重的铜器再扔进水里，这样才可以压制和“压扁”对手。通过这种销毁礼物的方式，人们不仅可以提升自己，还可以提升家庭的社会地位。

近几个世纪以来，欧洲殖民者、传教士和学者一直在观察美洲原住民的这类仪式。最终这类夸富宴仪式被殖民地法律视为浪费、不文明的习俗而加以禁止。实际上，对于当地社群来说，这些原住民祭祀活动的扩展以及西方贸易商品（包括货币）的融入，在面临日益增长的工业商业影响时具有战略性功能。借用苏珊·屈希勒尔（Kuechler，1997）的一句话：祭祀经济学往往有利于保护传统文化价值。涉及破坏财富的祭祀仪式主要集中在敏感的资源地区（如矿山、森林）和交通要道。这种仪式将人员和货物的流动嵌入密集的象征性基础设施中，并防止这些地区转变为被动供应区来服务于遥远的城市消费中心。销毁进口商品也直接展现了外部商业利益，以及社群对其象征性的颠覆（连带展现出更多既有的等级符号）。

那么，我们也许会问，在世界其他地方，在更早的历史时期，以及在没有近代欧洲扩张（以大规模军事力量和对当地人口造成灾难性影响的外来疾病为基础）造成的压倒性环境中，人们是否也采取了类似的抵抗策略？事实上，莫斯在他对社会契约的比较史研究中，赋予了夸富宴类型的仪式体系独特而重要的地位。他认为，“在一个非常漫长的过渡阶段，绝大部分人都曾共享过这种仪式”。耐人寻味的是，他将这一过渡阶段定义为新石器时代契约与现代世界非个体间契约的中间阶段。前者以亲属群体成员共同承担的互惠义务为基础，后者的基础则是“货币流通的市场、真正意义上的销售，以及最重要的，**以称重和标记价值的货币来计价的概念**”（原文自带强调）。

事实上，早在公元前一千纪正式的货币发明之前，标准单位的金属流通和印章标记商品的授权使用就已经和青铜时代欧亚大陆城市间的经济特征密切相关。经济史学家往往忽略了一点：硬币只是将印花锭细分为逐渐缩小的单位。他们希望将“货币”（人们熟悉的物质形式）的出现视为一个重要的历史转折点。此外，（夸富宴类型的）祭祀经济与以使用锭币为基础的经济发展之间的关系并不符合莫斯的社会演化观点。前者并没有像他所设想的那样发展成为后者。它们之间的关系是空间关系，而不是时间关系；是毗连关系，而不是继承关系。耐人寻味的是，这一欧亚大陆早期历史中不可或缺的部分，即祭祀经济和城市经济的毗连发展，似乎与非洲大陆的大部分地区（包括尼罗河流域的早期王国）格格不入。相反，在那里我们发现：财富祭祀的仪式管理，即集体地、特意地和持续性地从流通中收回物质财富，是城市经济的基础。

第七章 Chapter 07

宇宙观与商业

在许多社会和文化中，金银被用作货币，这种共性并不奇怪。千百年来，这些金属被用来装饰神灵和掌权者的身体，却在日常生活中毫无用处……货币必须蕴含神灵的存在。

——莫里斯·古德利尔，《礼物之谜》

（Godelier，1999）

让众神吃烤肉、烤肉、
烤肉！

——选自美索不达米亚仪式文本（让·博泰罗译）

神像在古代近东经济和社会生活中处于何种地位？A. 利奥·奥本海姆（A. Leo Oppenheim）在他于 1964 年出版的《古

代美索不达米亚：一个死去的文明的肖像》一书中，严厉批评关于神像及其在古代近东经济与社会生活中地位的研究状况。尽管后来出现了一些重要的研究成果，但他的评论至今仍有指导意义：

> 亚述学家对美索不达米亚宗教的研究被他们自己的文化限制了。他们这种研究的一个典型特征就是：他们认为神像在美索不达米亚文明中的作用和功能并不十分重要，不值得进行系统学术研究。美索不达米亚考古学家或艺术史学家所关注的只是少数已知的神像以及其他神的象征物，而它们也只是得到了一点点本应该有的关注。

针对这种忽视神像的研究现象，奥本海姆提到了拜伦的《恰尔德·哈洛尔德游记》中诗人在梵蒂冈看到雕塑时的反思，他继而将这种忽视归因于“潜意识联想对研究课题选择的影响”：

> 在西方世界的宗教发展中，很重要的一点就是，人们拒绝承认图像可以真正充分地展现神的存在［其中神往往以传统的人形呈现（“排列成人的四肢的太阳”）］。这种否定态度的根源不仅来自犹太–基督教遗产，而且在更早的

希腊思想中就已独立存在。事实上，在我们的文化史上，支持和反对神像崇拜的倾向往往有助于形成潮流和制造事件。而这种倾向到现在远未消亡。它们仍然徘徊在学者对“偶像”模棱两可的态度中，并影响了他对待所有外来宗教的态度。

无论是在埃及还是美索不达米亚，神像都体现了一组共同的文化对立。它们是精致的手工艺品，是神庙和宫殿作坊里工匠技艺的巅峰。但它们不可能仅是人类技术的结晶。正如无数铭文所证明的那样，神像是由“纯”物质组成的，与普通商品在性质上截然不同。然而，制造神像所需的材料——金属——恰恰也是维持商业交易的材料，并且在商业交易中炙手可热。那个时候，宝石和木材通过多个（人类）中间商进行远距离交易；金属便是这种国际交易中的货币。

正如古德利尔在本章开篇的引文中所指出的，如此明显的矛盾反映了主导神像与商品之间关系的普遍趋势，即商品是为了流通，而圣物不是为了流通。在贸易和仪式中使用不同的材料并不能界定商品和圣物之间的对比。相反，道德和行为规范的对照可以维持这种对比。道德和行为规范使得同一种材料（通常取自社会之外）在不同的交换范围内流动。正是在控制这些特殊材料（尤其是金属）流动的过程中，神圣交易和非神圣交易的平行世界才得以形成并保持分离。

> 让我们再次指出，一种货币如果要作为支付媒介或财富流通，就必须通过与某种“事实”的联系来得到授权。这种“事实”不流通，不在交换范围内，却可以作为货币交换价值的真正来源。

在埃及和美索不达米亚，在通过神像躯体来供奉神灵的仪式中，烤制的动物身体部位和其他食物供品需要掺入从遥远的地方（如阿拉伯南部、叙利亚和黎巴嫩的高山森林）运来的树脂制成的熏香。没药、乳香、松树、雪松、杜松等气味浓郁的树木的木材和汁液是吸引神灵到当地神殿居住的关键。但要获得这些物质，也只能通过与尼罗河和两河流域以外的世界进行远距离贸易。综上，神像和围绕神像举行的仪式为我们提供了一个有利的切入点，用来分析本章的主题，即商品与圣物之间的脆弱关系。

诸神的肉身

考虑到奥本海姆的话，我们不妨思考一下古代近东神像的哪些具体特征招致了《旧约全书》先知们的嘲讽：

> 众民的风俗是虚空的。他们在树林中用斧子砍伐一棵树，匠人手工造成偶像。他们用金银妆饰它，用钉子和锤子钉稳，使它不动摇。它好像棕树，是旋成的，不能说话，不能行走，必须有人抬着。你们不要怕它，它不能降祸，也无力降福。……偶像不过是木头。有银子打成片，是从他施带来的，并有从乌法来的金子，都是匠人和银匠的手工；又有蓝色紫色料的衣服，都是巧匠的工作。……他所铸的偶像本是虚假的，其中并无气息。
>
> （《耶利米书》10:3—15）

神像模仿人形这个着重点很能说明问题。自始至终，这种模仿都暗含着一种对照。性质纯洁、执行迅速且坚定不移，这代表了耶和华创造性行为所具有的思想和行动统一性。与此相反，为塑造神像而付出劳动的群体是一盘散沙：这一塑造过程中的艰辛和不确定性，不断依赖人工和人造工具来制造特殊效果的做法，以及所用珍贵材料的世俗来源都被着重强调。我们可以精确命名这些材料的来源地：塔希什（在伊比利亚半岛），俄斐（在阿拉伯）。[①] 这些地区位于铁器时代世俗商业的范围之内。它们是世俗而非神圣地貌的一部分。

现在，让我们将这段话与更早的一段话进行对比。后者来自苏美尔诗歌《伊南娜下冥界》。这首诗是珀耳塞福涅被冥王哈迪斯劫持这个希腊神话的遥远前身。伊南娜不明智地进入了亡灵所居住冥界的大门，作为不朽之神的她被判处死刑。她从神界堕入凡间的象征是她肉身性质的转变：从一系列宝石和金属（神的肉身）变成了腐烂的肉块（凡人的肉身），冥界的统治者将其挂在墙上的锐钩上。她的婢女宁舒布尔向伊南娜的神父恩利尔恳求援助：

> 恩利尔父亲，别让您的女儿在冥界被处死；
> 别让您上好的金属被冥界的尘土覆盖；
> 别让您上好的青金石被打碎，变成石匠的石头；
> 别让您上好的黄杨木被砍成木匠的木头。
>
> （根据 Kramer 1961 版本翻译）

---

① 在《圣经》中，塔希什是一个遥远繁荣的港口，人们在这里贸易，获得银、铁、锡、铅、象牙等珍贵物资；俄斐则是一个生产黄金珠宝的地方。许多学者认为塔希什可能位于今天伊利比亚半岛，西班牙的南部，俄斐位于今天阿拉伯半岛东南部。——编者注

在这里，伊南娜神圣肉体的死亡被诗意化地描述成一个商品化的过程。宁舒布尔表达了伊南娜神圣肉体在普通工匠手中的腐化，失去了“德性”（即纯洁）。伊南娜神像的组成部分曾经是她身份不可或缺的一部分，如今却面临着凄惨前景，沦落为无名的商品。这个比喻的选择是为了反映这样一个事实，即商品属于人类世界。与神不同，人类必须承受死亡和毁灭，他们与死亡带来的污染共存。伊南娜在地底的亡灵世界中变成腐烂的肉，正象征了这点。当伊南娜最终从地底世界获释后，她腐烂的肉借着“生命之草”和“生命之水”这两种神圣的洁净物质重新焕发生机。

美索不达米亚和埃及的资料一致表明，神像是天生的，而不是人造的。就像新生儿一样，他们在神龛中安居之前，都要经过清洗，并被清洁的液体和香料包围。构成他们皮肤、肉体、骨骼和毛发的物质直接来自凡人无法触及的源头。这些物质被描述为原始物质，纯净而神圣。它们纯净是因为未经过人工加工，神圣是因为它们超越了数的特性，而正是数的特性使世俗物品受制于普通的量化原则。这些物质（金属、石头和木材）被誉为山峦和树木的杰作：山峰直入云霄，树根穿透地壳。它们只能以神秘的数字单位来计算，这些数字带有深奥的含义；或者以超出可能范围的数量来计算。同样，它们也超越了人类事务的时间范围。正如它们的空间是神灵活动的宏大空间，它们的时间也是宇宙创造的深层时间，通过仪式咒语和表演唤起。正如《圣经》研究学者维克多·胡罗维茨所言，神像是“宇宙中无处不在的神的凝聚体，被包装成可以方便地引入神庙供奉的形式”（Hurowitz，2006：13）。将其作为人类技术的对象，或将其物质成分贬低为商品，都相当于终结了它的“生命”。

这种用锤子、凿子和火将其“处死”的情况并不少见。埃及和美索不达米亚的文字和图片资料证明，在过去的几千年里，神像的制作一直在持续进行。然而，这两个地区的神像几乎都没有保存下来。这在一定程度上可归因于其制造材料。除了宝石之外，这些材料通常都是易腐烂的（细木和纺织服装）或可回收的（金属）。上埃及希拉孔波利斯的荷鲁斯神庙地基中出土了一件罕见遗物，证实了文字资料给人的印象。它的木质核心（寓意神庙的主神是一只戴着王冠的猎鹰）已经腐烂，其形状却被曾经包住它的金片和纯铜（非合金）片反向保留了下来；它的眼睛是由一根穿过头部凹陷处的黑曜石棒制成的，仍然保持着其漆黑眼眸，炯炯有神。这一罕见的特例只是为了证明这样一个规律，即神像的“生命”通常以肢解和回收利用而告终，而不是全部入土为安。

原产地问题

要想进一步了解神像与商品世界之间的关系，我们首先需要更多地了解凡人与神之间的距离的性质（在时间之初已经注定），以及外来物质在展示和克服这种距离方面的特别作用。美索不达米亚文明关于世界起源的叙述主要保存在公元前两千纪早期或更晚的楔形文字作品中。但是，这些神话在人类和神灵身体的性质方面有着某些一致的前提，而这些前提无疑是建立在更古老的基础之上的。包括《阿特拉哈西斯》在内的许多神话都讲述了一个智者通过建造方舟在大洪水中幸存下来的故事。这些神话都以类似的方式开始，其中的上古诸神是元素力量的化身：天空、空气、淡水、盐水和河泥。我们被告知，正是他们在时间之初开凿了底格里斯河和幼发拉底河的河床，维护着运河（“大地的生命线”）以灌溉大沼泽并为自己提供食物。为了减轻这一沉重负担，伟大的神灵们繁衍后代，并创造了小神来代替他们工作。但是，新一代的众神反抗了，他们吵吵嚷嚷的反对声成为创造人类的借口，而人类的使命就是“承载众神的重担”并为他们供奉酒食。

根据美索不达米亚的神话，最初的人类由特殊的物质混合而成。众神杀死了他们中的一个同类，并将他的血肉与黏土混合，创造出了制造凡人身体的原材料。正是在这些独特物质的混合下，人类开始了对神的供养，以及开始用同样的混合材料建造神在世间的第一座居所。在《阿特拉哈西斯》中，这一情节发生在故事的开头。在“子宫神”的房子里，黏土和血液的混合物被踩软。然后，它被赋予七男七女的形态。他们中间放着一块用同样的混合材料砌成的泥砖，这块泥砖会给他们的孕育和出生之屋带来神灵的祝福和保护。新诞生的人类手持镐和铲开始工作，生产出多余的食物来维持自己和神灵的生活。他们繁殖速度如此之快，以致神灵被他们的喧闹所扰，从天上降下自然灾害来遏制他们的数量。

因此，为神灵供奉食物被置于人类生存活动的中心，成为人类存在的真正理由。在后来被称为《创世史诗》的叙事诗中，马尔杜克这个英雄神灵形象赐予国王名正言顺的地位。马尔杜克是一个承担统治者头衔和责任的神。他平息了一场反对上层诸神的起义，杀死了敌人金固，用后者的鲜血（这次没有提到掺入黏土）制造了人类，如此他的同类诸神才有了闲暇。为了表示感谢，众神开始工作一年，用泥砖建造马尔杜克的王城巴比伦，作为他们居住的圣地。

在古王国的仪式文本中，当埃及人谈到生命及其起源的概念时，并没有明确提及人类的创造（尽管人体的生活经验是他们本体论的出发点）。在埃及人的宇宙观中，新形成的生命也不需要房子（使用泥砖或其他材料建造）来居住。宇宙的诞生被想象成神灵身体之间物质的流动。创世始于一团无形的物质，宇宙的创始者阿图姆通过手淫、打喷嚏或吐痰，将自己体内的新物质注入这团无形物质中。所有这些物质都是液体（精液、黏液、唾液），是无法完全控制的生理过程的副产品（需要达到性高潮或排出污染物）。这些液体物质以无定向投射或射精的形式从造物主的身体中逸出。因此，埃及宇宙的产生包含两个相互关联的过程：各种物质半自愿地注入同质的原始物质，以及造物主身体中相应的力量流失。这种力量流入一系列由造物主的各种排放物形成的子体。这些子体是按等级划分的，从九柱神的小神到他们的后代（包括伊西斯和奥西里斯），再到荷鲁斯——这位神祇的肉身就是现世的国王。

埃及诸神创造生命的行为在很多方面都与人类不同。仪式文本反复强调，众神塑造自己的身体，生成自己的生命力。从类似神的层面来讲，国王同样“在自己的母亲身上孕育自己”。他们的繁衍行为与美索不达米亚诸神的不同——后者涉及精液的交换，前者则是自我塑造式的生殖。它不是有界限的个体之间物质转移的结果。恰恰相反，它是一种无穷力量的流动融合。这些无穷力量处于不断的变化之中，就像河流或星辰的移动，它们具有相同的运动特性，而凡人在其中可以朦胧地感知神的存在。埃及诸神因此与凡人和亡灵区别开来：凡人必须通过交换体液才能繁衍后代，而亡灵则必须通过源源不断的献祭才能在坟墓外存活。

然而，人类与诸神之间的接触是可能的，因为其中一位神灵以国王的形式奇迹般地降临人间。他肉身的存在展现了宇宙结构的原始断裂，也代表了神性物质从高阶向低阶的初始逃逸。埃及神话并没有按照时间顺序来呈现这种神圣力量的垂直流动。它并不构成一种世界（世俗世界）对另一种世界（神圣世界）的取代。与之相反，创始者以一种支离破碎或潜在的形式与新造的宇宙并存：一种不断诞生的状态。为了维持这种脆弱的力量平衡，国王必须控制纯净物质和污染物质从一种存在秩序到另一种存在秩序的流动。他还必须通过献祭来引诱诸神，吸引他们通过自身的雕像躯体来进食，以便困住神圣力量的一些残余，使其留在凡间并被重新分配给他的臣民，包括生者和高贵的亡灵。

献祭的机制

虽然埃及的神和美索不达米亚的神永远饥饿的原因截然不同，但我们可以发现他们的进食方式有很大的相似之处。作为开始供奉食物的重要前奏，神像必须经历一个在两国都被称为“开口”的仪式。这一仪式的执行方式在两个国家完全不同，两国围绕这一仪式各自发展了一套独特的文学和仪式注释。然而，在使神灵更接近人类的物理过程中，两者仍然存在着潜在的共性：选择异域材料来制作神像的身体，包括具体的相貌细节（见第二章）；选择在神像附近加热或浇灌神像周围的物质；使用神奇技术使神像的肉体活动起来和净化神像周围的环境。在这些技术中，我们可以看到焚香、使用带有喷嘴的容器向雕像奠酒，以及伴随着音乐、舞蹈和杂技来祭杀动物。

两地的神都以火盆上的炊烟为食。火盆上烤着肉类、谷物和蔬菜的混合物，并散发着熏香的气味。让神摄取这些食物的方式可能是将食物从神像的眼前掠过，但最有可能的是食物本身在烹饪过程中发生的有机变化：液体消失和烟雾从烤肉中逸出。埃及和美索不达米亚的神都拒绝接受动物祭品的肉质部分。人们会进行二次加工，将这些肉煮熟、炖熟或烘干，使其适合人类的商业活动和消费。（因此，考古学家在圣祭场所附近发现牛角、牛蹄和去肉骨头的情况并不少见。）面包和啤酒经过祭肉的加热，被它的汁液和气味浸透，也在生活社区中循环使用。这两个地区的神庙也都配备了大量谷物产品的加工、酿造和烘焙设施。官僚机构对食材的分类和等级划分可以追溯到城邦生活的初期（见第五章）。这也许是这些排他性仪式的延伸。在这些仪式中，最高级别的食材总是留给神灵享用，那些特定的仪式参与者也有份，他们会食用这些神圣祭品的残渣。

供奉仪式不仅意味着神像状态的改变，也意味着参与供奉神像的群体状态的改变。在这方面，我们的图像和文字资料无疑具有误导性。在这些风格化的描述中，祭祀过程被简化为静态的手势和公式化的背诵。实际上，神像周围幽静的环境一定充满了异国的香气、声音和液体。现存的描绘几乎没有传达出这种激烈的混乱，也没有传达出伴随着献祭动物杀戮仪式的传染性兴奋。尽管如此，人们共同摄入大量的祭祀物质——血液、水、啤酒、油膏，还有肉和面包等固体。而所有这些祭祀物质都被弥漫的芳香烟雾所笼罩。这种情景是至关重要的，它将神像周围的祭祀群体团结在一起，这些群体会因此共同承担起照顾神像的责任。在其他情况下，国王和其祖先雕像的落成仪式也遵循同样的程序，对参与群体具有类似的凝聚作用。

青铜时代“贸易”的两面性

正是通过与神的接触，埃及和美索不达米亚的社会得以表达他们的祖先意识和归属感，以及他们对土地、区域和地方的特殊依恋方式。然而，埃及的神和美索不达米亚的神的肉身是由相似的异域材料制成的，并以共同的方式得到滋养。因此，商业与宇宙观、地区间的“贸易”行为与当地的“仪式”行为在逻辑上是无法分开的。原产地问题和交换问题交织在一起，既反映现实，也是一种隐喻。两者相辅相成。因此，庆祝当地道德秩序的仪式暗含着一种在时空上超越和颠覆它的力量和过程，并在仪式表演的那一刻暴露了它的失败。人们只有在神话中，在对一个完全由神居住的世界的想象中，才能克服这种悖论。我们被告知，只有众神才能用数量无限的基础材料（生土、血液、精液和唾液）创造生命，而不用首先添加那些稀有的弥合天地之间距离的净化物质。这就导致凡人和暂居人间的圣王们面临着更加艰难和曲折的通往神性的旅程。

第八章 Chapter 08

国王的工作

当众神代替人类

承担工作，

神承受的负担重重，

工作艰辛，麻烦无穷。

——《阿特拉哈西斯》开篇，美索不达米亚洪水神话

（公元前两千纪，斯蒂芬妮·达利译）

在关于苏美尔王权的研究中，德国末代皇帝威廉二世的著作鲜为人知。威廉二世遭到废黜，离开普鲁士的巴洛克式宫殿，魏玛共和国宣告成立，皇帝最终在荷兰乌得勒支省的多伦小庄园度过了余生。他将时间分配在写作和砍伐大树上，这份国王的工作，他可以并确实将它的起源追溯到传说中的乌鲁克国王吉尔伽美什。在著作《古代美索不达米亚的王权》中，他

满怀深情地写道，从苏美尔第一任国王到德国皇帝，这条血脉绵延数千年，从未间断。他想象，神圣的王权通过皇帝朝服上的宇宙符号得以体现。在被剥夺了政治和经济权力后，这位末代德皇终于意识到：王权的真正力量以及他重获荣耀的唯一希望，深深埋藏在王权本身的史前历史中，更具体地说，在于重新夺回君主的原始角色，即作为脆弱和支离破碎的人类与神秘的超自然整体之间的调解者。然而，自由主义崛起后，德国皇帝在欧洲中部实施新苏美尔复兴的希望随之破灭。共和国之后是法西斯帝国主义，它将旧王朝对血统和遗传的痴迷延伸到了整个政治机构。当这位末代德皇在多伦低调去世时，第三帝国的士兵正在他的门前站岗。

在本书的最后几章，我将探讨欧洲旧制度的终结与西方对古代近东的发现之间的奇妙联系。然而，在此，我仍将重点关注本尼迪克特·安德森在其著作《想象的共同体》（Anderson，1983）中所提及的“王朝”的诞生。

> 如今，人们或许很难设身处地地想象这样一个世界，其中王朝似乎是大多数人唯一可以构想的“政治”体系。因为从根本上讲，“严肃的”君主制凌驾于所有现代政治生活的概念之上。国王处于至高无上的中心，支配一切。其合法性源于神性，而非百姓；毕竟，百姓是臣民，而非公民。

从本质上看，安德森关于“王朝”的宽泛定义同样适用于青铜器时代早期或20世纪初的王朝社会。正如阿尔诺·迈尔（Arno Mayer）急切指出的那样：“王朝”是“旧制度的持续存在”，它揭示了君主制在世界历史中异常持久的生命力。然而，在表象相似的背后，我们发现，国王、神与臣民之间的关系以及国王所采取的统治形式一直在不断变化。

王朝

亨利·富兰克弗特在他的《王权与神祇》（Frankfort, 1948）一书中写道，神圣的王权从一开始就具有两面性。与《苏美尔王表》中的理想主义相反，美索不达米亚的统治者通常是众多统治者中的一员，他们分布在一个由独立城邦组成的分裂政治版图中。这些城邦争夺土地和资源，但仍然承认共同的宗教纽带。如果没有神的认可，他们很少行使权力。但正如艾琳·温特（Winter，2008：80）所言，他们没有“在本体论上被定义为神”。他们与神灵的亲近关系总是短暂而脆弱的。埃及国王则与美索不达米亚的统治者们不同。尽管他只有在死后离开尘世时才能真正地与其他神平等交流，但当他活着的时候，他不仅是上下埃及的唯一保护者，还是一位有形的神，是荷鲁斯神的化身。

所以在埃及和美索不达米亚，王权呈现出截然不同的形式。王权在边缘地带产生了进一步的混合和融合。在那里，规模较小的社会倾向于创造出王朝的本地变体。到公元前 2500 年，各种形态和规模的王国出现了，它们的分布从尼罗河谷地到黎巴嫩的海滨城市，穿过叙利亚垭口（被埃卜拉宫殿主宰），再到美索不达米亚冲积平原上的城邦，直至伊朗西部的高地君主国（埃兰和阿万）。南部和东部（伊朗高原、波斯湾、印度河流域和中亚）城市社会的政治构成至今仍然不清晰。其中一部分原因是缺乏书面资料。埃及和比布鲁斯在最高外交层面建立了伙伴关系。埃及宫廷（通过沿海中介）的礼物甚至抵达内陆的埃卜拉，那里的统治者与美索不达米亚北部草原上的小国有外交往来，而这些小国又与南部苏美尔平原上的城邦保持交流接触。因此，我们所面对的是一种松散的、不同王朝间互动的交流网络类型，而不是从埃及到美索不达米亚的被完全整合且自成体系的系统。这在很久以后的“阿马尔那文书”（公元前 14 世纪）中才有据可查。这些网络关系和商业基础的分布显而易见，它们处于以宫殿为中心的社会空间中。无论是法老在孟菲斯（尼罗河谷地和三角洲的交汇点）的宫廷，叙利亚商队之王的接待大厅和先人墓葬区，还是苏美尔王朝的大家族，都有一个共同点：它们都霸占了当时主要的海陆交通要道。

图 11　叙利亚的熊和器皿抵达埃及。阿布西尔（Abusir）萨胡拉（Sahure）葬祭庙的石灰岩彩色浮雕，约公元前 2450 年

神圣王权这一概念在埃及和美索不达米亚之间存在差异，而这两个地区都没有形成书面宪法的传统。那么，我们该如何解释两者之间的不同呢？正如布鲁斯·韦尔斯（Wells，2005）所言，它们的文本“并非法典的存储库，而仅仅是对法典的反思”。接下来我将描述，人们如何通过其他方式编写和执行国王权力的义务与限制，并将其“铭刻”在国王举行的仪式活动中，以确保可见的世界与神灵隐秘领域之间的沟通。所谓的“美索不达米亚法典”——包括著名的《汉谟拉比法典》（约公元前1750年，现藏于巴黎卢浮宫博物馆）——实际上是对这些职责的修辞化表达。正如许多人所指出的，这些铭文似乎与立法现实脱节。尽管它们列出了具体的罪行和惩罚，但同时期的实际法律诉讼记录却极少引用它们。它们更像是向有文化的精英、子孙后代，尤其是向神灵正式宣示国王的美德。毕竟，为权力的行使提供恩宠和最终约束的是神灵，而不是眼前世界的凡夫俗子。国王只有在履行职责和服务神灵后，才有权审判和管理人间事物。

扬·阿斯曼（Assmann，2001）就古代近东地区人类与神灵的接触提出了“三个主要层面”的定义。这三个层面分别为：崇拜性（为神或代表神而进行的行为）、宇宙性（将神视为遥远而无边无际的力量）和神话性（试图通过叙事来了解和接近神）。每一个层面都为我们理解地方权力形式与跨域交流模式之间的关系提供了启示。在阿斯曼确定的三个层面中，我将在本章的剩余部分重点讨论宗教体验的崇拜层面，即在身体接触层面与神沟通的证据和表现形式，以及如何通过这些接触与神建立联系。在这方面，我对埃及和美索不达米亚进行了比较，揭示了国王与神灵之间表达交流的习惯、活动类型在这两地的一贯差异。这些差异可以追溯到史前时期（见第三章）。当我们将一个地区的证据置于另一个地区的背景下进行审视时，这些差异变得尤为明显。我将首先讨论美索不达米亚国王需执行的仪式性工作，然后再讨论埃及古王国兴起的更广泛背景，以及法老作为生者、死者与神之间媒介的独特地位。

美索不达米亚：众神和凡人同处一地

老彼得·勃鲁盖尔在他的画作《巴别塔》（1563 年）中描绘了一位巴比伦国王的建筑工程。在他的画作前景中，工匠们放下手中的活计，俯身跪拜在君主的脚下。君主本人则身着盛装，手持权杖，在熙熙攘攘的人群中前行。在勃鲁盖尔的画笔之下，塔楼上方的明亮蓝色天空中没有神灵，只有云朵。在为纪念王室建筑项目而创作的作品中，欧洲文艺复兴时期描绘的王室形象傲慢自大，与古代美索不达米亚的王室形象形成了鲜明的对比（当然，勃鲁盖尔并不知晓这一点）。已知最早纪念王室建筑项目的石碑是为乌尔南什［拉加什第一王朝（约公元前 2500 年）的建立者］雕刻的。这些石碑将图像和文字相结合，将乌尔南什描述为建造神庙的理想人选。其中有两座纪念碑记录了他派遣“迪尔蒙之舟”从“异域”运来木材的事迹。在画中，乌尔南什坐在妻子和孩子们（还有一位抄写员和一位耍蛇人）面前，手持酒杯，头上还顶着一个篮子。

在后来的一些书面资料中，人们将国王顶着篮子的形象和他在建造新神庙中的角色（制作和铺设第一块泥砖）联系起来。他的形象生动鲜明：不是高高在上的监督者，而是建筑过程的积极参与者。他扛着工具，高举着盛满黏土的篮子——砖块的制作原料就是这些黏土。这些资料通过详细而缜密的描述，不断强调国王如何身体力行：他在混合砂浆的时候，往其中添加了一些特殊物质，如芳香植物的枝叶、雪松树脂、香精油、药膏、蜂蜜和酥油，并且他小心翼翼地用异域木材制成的模具来制作第一块泥砖。在乌尔圣域内发现的一座石雕纪念碑（或称“石碑”）上，众神走在一位正在劳作的国王（可能是乌尔纳姆，即公元前 2100 年左右的乌尔第三王朝的首任国王）前面，指导他的活动并接受他的祭品。在这个石碑的反面，我们可以看到音乐演奏、摔跤和动物祭祀等庆祝场景，这些场景是为了纪念神的新居落成。

图 12　拉加什统治者乌尔南什的石灰岩浮雕，约公元前 2500 年（高 40 厘米）。较大的人物像展示的是国王顶着一篮子泥砖材料在近亲和一位高级官员的陪同下准备建造一座神庙，并主持一场庆祝神庙建成的宴会

美索不达米亚国王的建庙纪念活动不仅被视为壮观的技术成就，也被视为庄严的过渡仪式。在仪式中，一个凡人在短暂的时间里成了神智的载体。一首献给古地亚（公元前三千纪晚期拉加什的统治者）的赞美诗讲述了古地亚对宁吉尔苏神庙的翻新事宜。宁吉尔苏是这座城市的守护神。这首赞美诗以国王与神的夜间相遇为开端。在这场相遇中，国王[如理查德·阿费尔贝克（Averbeck，2003）所言]必须“让神敞开心扉，吐露建造神庙的具体愿望和计划”。只有当古地

亚掌握了这些信息之后：

> 他才举起崭新的提篮，把它放在模具前。
>
> 古地亚按照规定的步骤把黏土放进模具，
>
> 为宫殿成功制作了一块最美丽的砖。
>
> （摘自古地亚神庙赞美诗，圆柱铭文 A；
>
> 根据 Edzard 1997 版本翻译）

接下来的每个建造阶段都使国王与神之间的距离愈发接近，最终他们举办了一场盛大的宴会——确切地说是一场“乔迁派对”，以欢迎宁吉尔苏和他的神妃芭乌入住新居。文中洋洋洒洒地描述了从苏美尔平原以外搜集建筑材料的过程，但由于篇幅较长，此处无法一一赘述。国王建造神庙带来的效应如同强大旋风产生的引力，将神灵提炼的、异域人民搬运的资源汇聚到神庙中心：

> 埃兰人从埃兰来到他面前，苏萨人从苏萨来到他面前。马干人和梅卢哈人扛着他们山上的木材来到他面前，为古地亚建造宁吉尔苏神庙，他们聚集在古地亚统治下的吉尔苏城。

我们读到宁吉尔苏如何指引古地亚前往布满雪松和石头的“难以穿越的山脉”，并指示满载碎石、石膏和沥青的船只的到来。从梅卢哈运来的“半透明的红玉髓”，以及从高地运来的贵金属——金、银和铜——都是献给“负责建造主人房屋的人”的礼物。

国王在完成任务后，与众神一起为宁吉尔苏的到来做准备：在新屋里焚烧香料，将珍贵的油洒在地基上净化地基，并用事先混合了红玉髓和青金石的浆糊在角落做标记。这部分在发掘出的美索不达米亚神庙遗迹中得到了证实。亨利·富兰克弗特（Frankfort，1942）在伊拉克东部迪亚拉河谷地进行实地考察时发现，寺庙地基被放置在充满干净沙子的凸起平台上，他认为这是“为了突出建筑结构，将其神圣之地与世俗之地区分开来，因为后者会受到日常生活的干扰：世俗之地有时会被耕种，有时会被用作住宅，有时又会变成墓地”。在这些平台的角落里，埋藏着一些没有任何实用功能的小金块、铜块、红玉髓、青金石和其他材料，它们均来自苏美尔平原以外的地方。在神庙地基的发掘中，还发现了铜钉，铜钉的顶端有神像。这与古地亚的神谕不谋而合，即将城邦之神的地基钉打入圣地，如此一来，拉加什的田地就得以肥沃富饶，牲畜得以繁衍生息。

发掘工作还发现了泥砖祭坛的遗迹，人们在这些祭坛上的神像前洒下或焚烧祭品。美索不达米亚人的祭坛是与神灵沟通的固定地点，通常建在神庙的内殿或中央庭院中，这与埃及人使用便携式容器或移动支架上香的做法大相径庭。祭坛表面覆盖着一层厚厚的灰泥，以防止液体渗入砖砌结构。此外，美索不达米亚人还安装了防水凹槽（内衬沥青），将多余的液体导入祭坛下方的容器中，以起到收集的作用。这样，经过祭坛但未被神灵“饮用”的酒水就被回收，可用于其他用途。作为圣物，这些酒水可以与黏土等基础材料混合，制成便携的雕像，或者通过专门安装在墓穴中的陶管输送到冥界，供祖先享用。

人类在室外祭坛上烤肉也能吸引神灵的注意。让·博泰罗（Bottéro，2004）评论道，保存在后来王室档案里的世俗烹饪食谱中并没有烤肉，这一点耐人寻味。他接着指出，这些食物常常出现在礼仪文本中，描述了人类将烤好的动物身体部位放在贵重金属盘子上献给神灵的情景。礼仪文本描绘了以下场景：肉类在燃烧时，产生的油烟与香料的气味交织，腾空而起，众神则“像苍蝇一样”围绕在这升腾的香雾周围。博泰罗将这种做法解释为史前时代遗留下来的“古老”习俗，这一观点颇具道理（见第三章）。然而，当他驳斥烤肉作为宗教保守主义的范例时，他却忽略了烤肉作为一种技术行为，其特殊意义在于它是为特定场合准备的。在这些场合中，凡人试图跨越千山万水，与神灵相遇。

这种交流行为带来的效果，在古地亚神庙赞美诗结尾的一段话中有所体现（虽然并不直接）。该段落颂扬了在众神新居为众神举办的宴会：“糖浆、酥油、葡萄酒、酸牛奶、吉帕尔果（ĝipar fruit）、上面铺着奶酪的无花果饼、椰枣……还有小葡萄，这些都是他用糖浆和酥油为众神准备的未经明火烹饪的食物。”在这个最吉祥的时刻，为什么这些“未经明火烹饪”的食物会被选中？难道不是为了承认在那短暂的时刻里，即神的尘世居所落成之际，众神与他们的人类仆从曾在同一餐桌共食吗？

古埃及：美索不达米亚的非洲近邻

公元前四千纪末，尼罗河谷地和三角洲的各个社群合并为一个统一的王国。随着黎凡特沿海邻近社会间的密切互动，政治融合的过程也逐渐展开。驴队首次穿越西奈半岛，沿地中海沿岸的大陆桥进行运输。随着东地中海地区帆船航海技术的兴起，尼罗河三角洲与迦南港口之间的海上贸易范围也逐渐扩大。然而，耐人寻味的是，在埃及南部和苏丹北部库斯图尔的酋长墓葬中，人们发现了关于尼罗河与迦南地区最早帆船的可靠描述。这些发现的地理位置（偏南）以及用于焚烧香料的石制船只，都指向了红海盆地的海上贸易。埃及墓葬中出土的来自非洲之角附近的黑曜石也进一步证明了这一点。关于早期的红海贸易，以及它对埃及和苏美尔之间货物和思想流动的广泛影响，还有待更多发现。

在上下埃及政治统一之前的几个世纪里，埃及地区从西亚吸取了多种技术，包括新的农耕方式（如犁耕农业、乳制品生产和葡萄栽培）、商业技术（例如使用滚筒印章标记王室产品）、饮食习俗以及烹饪形式（特别是发酵面包和啤酒的集中生产）。埃及最早的一些王室纪念碑上出现的美索不达米亚动物寓言中的怪兽形象，暗示了无形的文化输入，其中包括著名的纳尔迈国王调色板（约公元前 3100 年），在这块石板上，一对蛇颈狮框住了用于研磨颜料的凹槽。正如戴维·奥康纳（O'Connor，2002）所言，在仪式化妆盘上研磨的矿物可能被用于供奉神像。在埃及最早的纪念性建筑形态中，人们早已发现了美索不达米亚文明的痕迹。这些建筑主要由泥砖而非石头建造，包括巨大的矩形墓葬和用于举行国王葬礼的围墙。约公元前 2900—前 2800 年（处于第一王朝时期），这些气势宏伟的建筑以不同的组合形式出现在全国重要的行政中心。它们主要的聚集区是阿拜多斯（南部）和萨卡拉（北部），它们都拥有一种独特的门面类型，由规则间隔的壁龛和

图 13　装饰性调色板，正面刻有纳尔迈国王（埃及最早统治者之一）的名字，约公元前 3100 年

扶壁交替组成。美索不达米亚早期神庙有着同样门面装饰的斑驳外墙。起码从公元前五千纪开始，那里的人们就开始用它们来划定神圣的建筑。

在早期的埃及墓葬中，砖墙上的外部凹槽被涂上了鲜艳的色彩，描绘出令人着迷的悬挂纺织品的图案，这给人一种该墓葬建筑易被渗透的错觉，但实际上它坚固且防水。当墓室内部放满了木乃伊、神像及围绕着它们的各种陪葬品时，整个墓室就被永久封闭，禁止人类访客进入。当我们了解到彩绘壁龛是举行祭祀活动的背景时，那些原本暗示相反含义的表面图像就不再显得那么神秘了。祭祀活动包括焚烧能够释放出大量烟雾的物质（如香和特定动物器官）。这些无形的烟雾在墓室图案化的外部空间中萦绕，与被装饰的墙面融为一体，使其图像栩栩如生。烟雾的流动模糊了墓室内外的界限，也模糊了室外饱食者与室内饥饿者之间的界限。在古王国时期，这些精心制作的“假门”已经转移到了由石头而非泥砖建造的墓室内部，标记出生者向死者献祭的仪式性交流点。当我们注意到这点时，整体情况就变得更加清晰了。

鉴于埃及和美索不达米亚在神像的仪式性处理上存在其他相似之处，我们不难想象，在公元前四千纪后期，这些地区之间存在某些核心思想和实践的交流。这种吸纳所具有的选择性（锡青铜、橄榄种植、轮式交通工具和绵羊饲养等技术最初未被吸纳）表明，这种文明借鉴过程深受当时埃及内部新兴精英的意愿影响。除此之外，在这个过程中，所有借鉴的东西都发生了变化，以至于（从技术角度来看）埃及和美索不达米亚之间的相似之处总是显得不够精准。他们耕种土地、烤面包、酿啤酒、标记商品、制作和铺设泥砖以及供奉神灵的种种特定方式，是彼此间接的镜鉴。其特点在于既有潜在的相似性（共同原则），也有微妙的实践差异。

　　大约在公元前 3000 年，随着王朝统治的巩固，埃及宫廷

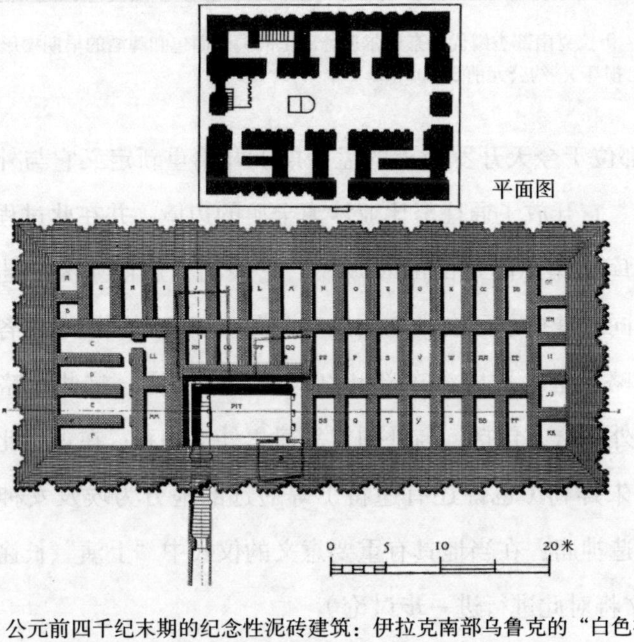

图 14　公元前四千纪末期的纪念性泥砖建筑：伊拉克南部乌鲁克的“白色神庙”（上图）和埃及北部萨卡拉的一座贵族墓（下图）

图 15　伊拉克南部杰姆代特奈斯尔遗址出土的关于面包和啤酒的早期楔形文字记录（已损坏），约公元前 3000 年

（首都位于今天开罗附近的孟菲斯）开始重新定义它与外界的互动。它开放了通往努比亚沙漠金矿的边境，并在此过程中消灭了库斯图尔附近的敌对政权。它限制了通往亚洲的陆路交通，同时掌控了西奈半岛的矿产资源。王室还试图通过各种文化策略，垄断地中海东部和红海的海上交通。这些策略针对国内外受众，包括：与外国首领建立外交关系；在古称比布鲁斯的朱拜勒（也许还有蓬特）等遥远的地方为埃及女神哈托尔建造神庙；在当地具有重要意义的仪式中“上演”长途贸易（下文将对此进行进一步讨论）。

到了第四王朝时期，王室建筑项目的重点已果断转向首都孟菲斯附近的低洼沙漠地区。在萨卡拉、代赫舒尔、阿布·拉瓦什和吉萨高原，巨大的金字塔和毗邻的神庙相继建成，成为王室殡葬仪式的场所。这些早熟的建筑结构的设计基于前朝的建筑创新，比如首次大规模使用石材，其中最引人注目的是左塞尔及其继任者建造的阶梯金字塔。为了建造金字塔及其附属神庙，人们从洪泛平原边缘的矿山开采了大量石灰岩，还使用了异国材料，如来自阿斯旺的粉红色花岗岩、来自西部沙漠的片麻岩以及从黎巴嫩海运进口的大量雪松。墓葬和神庙的装饰都使用了高品质的外国木材，吉萨胡夫大金字塔旁埋藏的仪式性驳船也采用了这种木材。我们可以将其追溯到第一王朝时期，在靠近阿拜多斯的早期王室墓地可以看到此类仪式用船。

王室殡仪中的神像拥有属于它们的农庄。这些农庄在墓葬及其附属建筑完工后仍继续发挥作用，其官方职能是为墓主的神像提供持续不断的祭品。除了牲畜和农具，每个农庄都配备了一批附属劳动力、手工艺专家、祭司和文士。虽然许多农庄由王室控制，但其余农庄则归全国各地的私人所有。如此一来，王室和精英阶层逝者的空间逐渐成为庞大行政网络的基石，并日益主导着活人的生产性经济。

埃及王室葬礼的发展也催生了新的城市生活形式，这在美索不达米亚地区是前所未有的。人们后来将这种城镇称

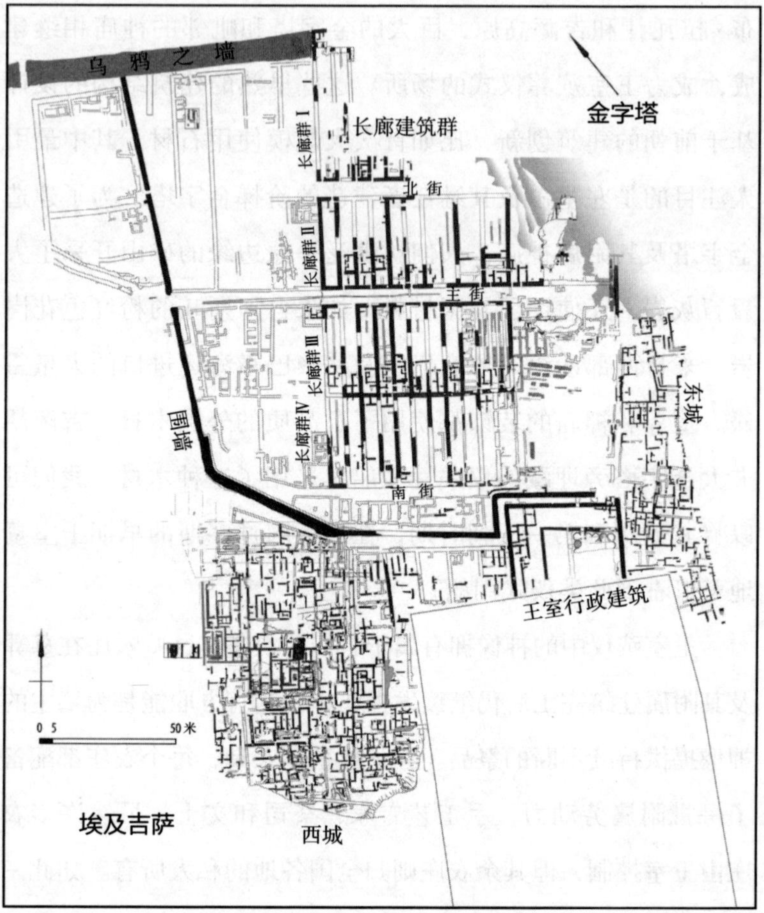

图 16　吉萨金字塔附近工人居住区的平面图，包括相邻的城镇和防御工事，古王国时期

为“金字塔城镇”，它们是规模巨大、受到中央管理的建筑群，紧邻其所服务的王室陵墓和葬祭庙而建，并以这些陵墓和庙宇命名。人们已经就第四王朝时期大金字塔（位于吉萨高原上）相关联的此类城镇进行部分细节重建。高高的围墙环绕着一条笔直的、呈正交状的街道。这类城镇的中央设施用于行政管理、食品生产（如啤酒酿造和烘焙）、住宿和其他日常活动。这种集体生活的总体规划并非旨在促进常住人口的增长，恰恰相反，它旨在促进外来群体的快速社会化。在建筑的年份，这些群体会在那里居住一段时间，为大型建筑项目提供熟练劳动力，或者为王室仪式服务。这些专业团体在希腊语中通常被称为 phyle（“兄弟会”），这既意味着其成员资格有门槛限制，也指他们大致仿照船员组织而采用的男性团体身份。与大多数社会工程实验一样，金字塔城镇的制度理想很快被复杂的社会生活所破坏。在几代人的时间里，新的社区就沿着他们规划的围墙迅速蔓延开来。这种城市发展的双重模式（中央计划的空间让位于非正式组织的但更持久的社区）在埃及王朝的历史上反复出现。

身体政治化

与美索不达米亚的同行一样，埃及国王肩负着确保凡人生命和神灵福佑在天地之间流动的任务。他并非通过为神明建造房屋来实现这一点，而是通过塑造自己的身体，使其成为神圣的容器来完成任务。供奉的食物通过这一容器向上流向神明，又向下流向墓穴中的死者。设置在神庙和墓穴中的神像崇拜仪式成为媒介，实现了对神灵和死者的供养。

埃及古王国时期官员墓葬中的描述表明：在埃及，墓葬仪式中的神像与经过仪式化处理的精英死者的尸体之间存在特殊关系，而这种关系在美索不达米亚地区并不存在。在这些雕刻和彩绘的场景中，神像乘坐船只穿越尼罗河的情景与尸体被送往墓地的游行仪式非常相似。同样，死者的尸体也经过各种处理，看起来像神像。人们在将尸体入殓前，要先清除其体内的污物（内脏和体液），再注入香料和芳香油（如杜松和雪松油）进行修复，然后将其放于碱液（“神盐”）里进行脱水处理。在洗净的尸体上涂抹树胶或石膏，使其与皮肤粘在一起，用蜡封住尸体的七窍和剖口，接着用亚麻布条包裹尸体。最后，从头到脚涂满颜料的尸体被仔细塑形并上色，以重现死者生前的容貌，也呼应安置在墓室祭坛附近的神像的容貌。在装有人体木乃伊的人型棺上举行的“开口”

仪式，证实了雕像与尸体之间是等同的。在仪式期间，雕塑家会用工具触碰木乃伊上彩绘的嘴唇。

在神像被送往墓地的途中，其侍从会手持小杯进行焚香。这样的净化过程是必要的，因为供奉给神像的食物并非普通物品。正如墓室祭祀堂内铭刻的标准供奉仪式（开头为“国王向冥王奥西里斯献祭”）所证实的那样，这些食物是国王为神明举行的献祭仪式中剩下的部分，神明已经在仪式中享用了一些。因此，逝者食用这些食物被视为一种交流行为，这需要确保雕像周围有一个纯净的环境。祭品的配方被刻在逝者画像的旁边。在画像中，逝者坐在一张堆满面包、肉块和其他祭品的桌子上，这些祭品数以千计，象征着神灵恩赐的“零钱”。献祭场景中的铭文按等级顺序列出了墓主生前担任的特殊职务，其中最负盛名的职务与国王的起居养生有关，特别是涉及对王室成员的身体组织（如头发、指甲）以及与其皮肤接触的物品（如假发、化妆品、珠宝、衣物）的仪式管理。

正如沃尔夫冈·黑尔克（Helck，1954）很久以前指出的那样，精英葬礼证实了国王身体作为神圣力量的尘世容器和通道的独特地位。早在公元前四千纪末期，最早的王室建筑上就已经明显体现了国王的这种地位。自新石器时代以来，就有便携器具的仪式化版本，它们被用来在仪式中护理和保护身体，其中有用于研磨颜料和药物的石制调色板、用于梳理和固定头发的梳子，以及刀和锤等武器。它们共同构成了一个仪式工具包，通过摩擦、摄取或划开皮肤来控制进出身体的体液。这些动作在浮雕中得到了戏剧化的表现。这些采用高浮雕工艺（后来只用神庙墙壁上）的作品，以微缩的形式描绘了位于尼罗河冲积平原边缘的拥有混乱力量的世界。国王在这个世界中以一种统治力量的形象出现，化身为守卫边境的致命的危险动物。

在接下来的历史时期，王室成员的身体与宇宙边缘等同的概念被延续，并扩展到服务于王室葬礼的神庙的纪念性墙壁上。河谷中的神庙靠近洪泛区，通过巨大的石堤与王室金字塔墓相连。成为木乃伊的国王身体及其神像沿着这些仪式路线行进，分别前往墓室和供奉祭品的灵堂。墓葬神庙和石堤上的装饰方案将这一动态过程转化为国王魅力的宏伟宣言，在国王进入坟墓之前，这种吸引力将王国的资源聚集到他的身体周围。来自全国各地的农产品作为土地的附属“身体”被献给国王，它们被拟人化，仿佛手捧祭品，沿着寺庙的墙壁行进。王室成员前往墓地的队伍也带来了尼罗河冲积层以外的物质。在这些场景中，非埃及人作为贡品的搬运者或作为奴隶形式的人类贡品出现，被迫向王室成员致敬。我们看到来自蓬特的香和没药幼苗。“国王在埃及的土地上种植没药”这个主题在阿布西尔萨胡拉的古王国时期神庙中就有所体现，几个世纪后在哈特谢普苏特女王的新王国时期神庙中（位于代尔埃尔巴哈里）再次出现。来自比布鲁斯的帆船载着珍贵的油和珍禽异兽向他致敬；来自努比亚和利比亚的俘虏在埃及众神的束缚和引领下向他靠近。

为了歌颂国王超人的能力，吸引并集中宝贵的资源，葬礼建筑群的外部装饰方案与美索不达米亚国王的庙宇建筑活动形成了最鲜明的对比。这些场景以及它们所描绘的活动，为伴随国王遗体进入金字塔墓葬的更为严格的仪式拉开了序幕。国王的遗体进入了一个新的转变阶段，旨在赋予他所有神的特征，并确保他成功离开凡间。在古王国时期后期的王室墓室墙壁上刻有神奇的咒语（被称为“金字塔文”），保留了为遗体继续

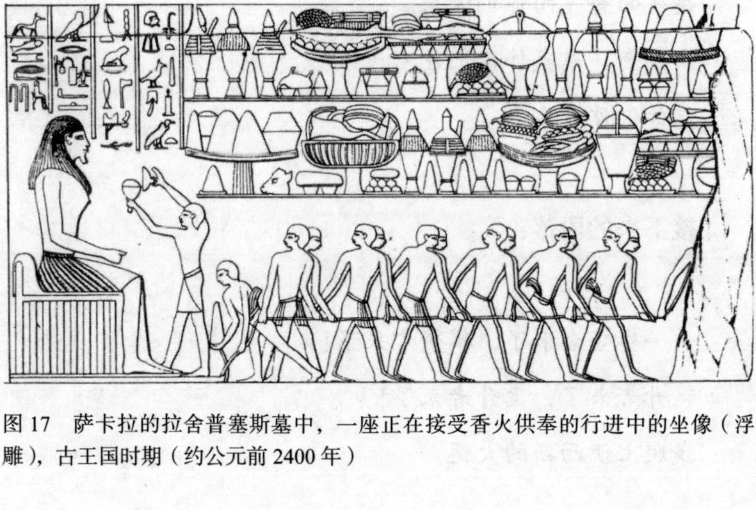

图 17　萨卡拉的拉舍普塞斯墓中，一座正在接受香火供奉的行进中的坐像（浮雕），古王国时期（约公元前 2400 年）

前行所做的仪式准备的注解。这些仪式（很可能在其他地方进行）最终在为身体献祭和供奉的开坛仪式中达到高潮。人们提到焚香，将其描述为“神灵的气味”和“汗水”，可以驱散腐烂尸体的恶臭。芬芳的烟雾还形成了天地之间的沟通渠道。在层层叠叠不断上升的烟雾的遮盖下，国王能够超越神与人之间的距离：

火已燃烧，火光闪耀；
香已焚灼，香气四溢。
香啊，你的芬芳向我袭来；
香啊，愿我的香气向你袭来。
众神啊，你们的香气向我袭来；
愿我的香气向你们袭来。
众神啊，愿我伴你们左右；
愿你们伴我左右。

接下来的段落：

……攀登者来了，攀登者来了！
飞升者来了，飞升者来了！
我爬上伊西斯的大腿，

我爬上奈芙蒂斯的大腿，

我的父亲阿图姆牵起我的手，

他带领我走向那些卓越而睿智的神灵，

不朽的星辰。

（根据 Nielsen 1986 版本翻译）

在乌纳斯金字塔内铭刻的另一段文字，以另一种方式描述了国王的变形。为了加入众神行列，他首先必须克服对神灵供奉的依赖，重新掌控自己的食物供应。他通过同类相食来实现这一目标，从尘世中吃出一条道路，回到完整的状态，唤起宇宙的原始统一性。国王一路吞噬的是众神的身体和他们体内的神奇物质：

他们看到乌纳斯复活了，获得了力量，

像神一样靠他的父辈为生，靠他的母辈为食。

……

乌纳斯是祭品的主人，系着绳子，亲自提供自己的祭品。

乌纳斯吃人，靠神灵为生。

……

是乌纳斯吞噬了他们的魔力，吃下了他们的灵魂。

……

他吃饱了。神灵的魔力都在他的肚子里。

. . . . . .

乌纳斯吞噬了每个神灵的感知。

永恒是乌纳斯的生命；时间的终结就是他的终结。

（摘自金字塔文《食人者赞歌》，
根据 Eyre 2002 版本翻译）

国王不会直接食用其他神灵，而是通过一系列步骤，借助祭祀用的牲畜这一中间媒介。祭祀之物被称为“天空之牛”，它在祭祀仪式中出场较早，最初并非牺牲品。它与国王同体，以胜利征服者的姿态在众神之间游走，汲取众神的魔力，并将其纳入自己的腹中。国王亲自用套索套住公牛，使其蹒跚而行，逐渐虚弱。接下来是一系列咒语，为杀戮、屠宰和食用活动带来快感。众神迅速赶到现场，协助砍下公牛的头颅，取出内脏，并架起炉灶，将公牛的各个部位放在大锅里煮熟。

正如古地亚神庙赞美诗的高潮部分所呈现的那样，我们发现国王为神准备食物的规范程序被颠倒了。火盆的点燃和祭品的烘烤——其上升的烟雾表达了天地之间的距离——现在因烟雾的缺席而引人注目。取而代之的是，祭祀用的公牛肉在封闭的大锅中煮熟，肉汁被密封并保留其中，这标志着国王回归神灵的家族，而女性成员则会搅拌锅中的炖肉。国王最终通过拒绝交换祭祀餐的方式获得神性。他将公牛全部吃掉，连骨头和有毒的胆囊都不放过，因此没有什么东西是可以分享出去的。通过这最后的自我塑造，他离开了凡人的社会（一个交换、混合和采借的世界），升华成了永恒的星辰。

PART TWO

第二部分

遗忘旧制度

第九章 Chapter 09

源自黑暗的启蒙

谁建造了有着七座城门的底比斯？

书中你将读到国王们的名字。

是国王们拉来成堆的岩块吗？

还有被摧毁过许多次的巴比伦，

谁又重建它这么多回，

……这么多的记载，

这么多的疑问。

——贝托尔特·布莱希特，

《一个工人读书时的疑问》（Brecht，1947）

古代与现代如出一辙。也就是说，我们对“古代”事物的感知——无论是从历史记载还是从现实实践的角度——都是基于我们是“现代人”的认知产生的。当然，人工制品和其他考古遗迹都有客观的年代，可以用绝对值来衡量，例如通过测量放射性同位素在有机物质中衰变的速率。但是，当我们宣称某一特定机构、行为方式、艺术风格或信仰体系是“古老的”时，我们是在进行一种完全不同的衡量。而在进行这种衡量时，我们其实是在强调自己的独特性，强调自己与过去的不同。

在之前的章节中，我以各种方式阐释了古代社会中的距离经验：原材料产地与消费地之间的距离，以及凡人与其寻求沟通的神祇之间的距离。在本章和下一章中，我将讨论古代与现代之间的距离，更具体地说，是“古代东方”与“现代西方”之间的距离。这并不意味着我要脱离具体现实，进入抽象的理论领域。相反，我这里关注的是古代近东文物和图像所呈现的奇特双重生命。它们既是打开遥远过去之门的钥匙，也是日新月异的现在的象征。我尤其想指出，我们对近东的理解是自相矛盾的——既是文明的起源地，又是自身文化的对立面，这种矛盾不仅仅是古希腊和古罗马默默留下来的遥远遗产，也是现代欧洲在试图处理其自身权力历史时的独特产物。这段权力历史关乎神圣国王和权力更迭，其所在朝代并没有近东古代历史记录中的那么久远。

古代欧洲与王权问题

通常人们有这样一种误解，以为我们现在所说的考古学这一专业学科起源于业余收藏家和爱好者们的浪漫追求。而“古文物收藏家”一词已成为这种刻板印象的代名词：他们只是业余爱好者，对遥远过去的遗物的研究不过是无目的地猎奇和搜寻审美珍品。前人在没有放射性碳定年法的情况下，试图构建人类早期发展的年表，对他们做出的种种错误百出的尝试，我们可能会露出轻蔑一笑；而当他们的想法似乎超出了我们当前的知识水平时，我们则报以钦慕的回望。然而，我们很少反思激发欧洲早期古文物收藏家活动的政治行动主义——这些古文物收藏家密切参与了当时的宪法危机，也很少思考革命性政治运动与“考古学想象力”发展的紧密关联。

约翰·波科克（Pocock, 1957）已证实，当16世纪的古文物收藏家如亨利·斯佩尔曼和弗朗索瓦·奥特芒深入研究英国和法国的前罗马历史时，他们曾试图进行政治颠覆。他们中的大多数人是执业律师，深知自己对史前史的重建（仍然主要基于罗马资料）可以直接影响宪法领域。法国的“国民议会”、英国的“议会”以及斯堪的纳维亚的议会所代表的自由，都借着遥远的过去获得了合法地位。它们能够得到捍卫，得益于它们的传统地位，这是漫长的演化过程的结果，可以追溯到国王和书面记录出现之前。而从逻辑上来讲，国王们无法压制他们没有创造的东西。波科克写道：“我们可能永远不知道，我们的历史感在多大程度上源于欧洲习惯法体系的存在，以及16世纪末对习俗概念的理想化。”（Pocock, 1957: 191）

这场重建历史的运动持续的时间相对较短，在17世纪被约翰·洛克对政治自由的捍卫所取代。约翰·洛克认为政治自由是自然的必然条件。然而，从多瑙河到大西洋沿岸，这场运动激发了一种新的认识：历史不仅在王室编年史中，还可以在习俗实践的缓慢发展中被发现。无数古代的无名死者被视为文化智慧和民族身份的载体，与此同时，对记载他们的物质遗产（点缀着北欧风景的神秘巨石和古墓）的兴趣在保守派和共和派思想家中变得越来越普遍。

如果从这个角度来说，欧洲史前史研究可以被视为共和理想主义的遗产，那么我们不禁要问，是什么社会力量和意识形态力量推动了对古代近东（神圣王权的发源地）的科学探索？这些力量如何塑造和限制了我们对古埃及和美索不达米亚的认识，以及它们在世界历史中的地位？此外，为了呼应布莱希特笔下那位颇有见识的工匠，我们可能还会问，它们掩盖了哪些非传统的历史和联系？

巴别塔的污点：牛顿与古代近东

《君主制的起源》是艾萨克·牛顿爵士在1688年“光荣革命”之后所写的，是他最不为人知的作品之一。由于未知的原因，这部作品从未完成，但其中的部分片段收录在他的《古王国的年代学补正》（1728年）中。后者现存的大部分文本致力于构建人类历史早期可靠的年代学，将新发现的数学和天文学定律与《旧约全书》《荷马史诗》以及希腊罗马历史学家的著作相结合。牛顿通过筛选和比较古代资料，寻找异常迹象，罢黜了古代世界中人们熟悉的英雄和神祇，解除了他们对天地的统治地位，使他们生活在同一个宇宙中，并遵守这个宇宙的运动和变化规则。所罗门、大卫与普里阿摩斯、赫克托耳曾踏足同一片土地；卡德摩斯、欧罗巴和阿尔戈英雄们与曼涅托的《埃及史》中描述的埃及航海发明家们曾追随同样的星辰；特洛伊城墙、比布鲁斯和帕福斯的庙宇以及孟菲斯的金字塔被同样的行星围绕。

牛顿关于早期王权的著作还包含了一个假设的萌芽，后来学者们以更大的力量推动了这一假设的发展，即“城市生活艺术”并不是在欧洲发现的，而是源自埃及和美索不达米亚的早期文明（发源于尼罗河和幼发拉底河流域）。在牛顿所处的时代，这种传播过程被认为与人类在巴别塔的分散有关。巴别塔

“事件”发生在公元前2400年，大约处于人类世界起源和基督时代之间。但牛顿笔下的古代近东不仅是技术创新的源泉，也是文化污染的源头，至今仍带有巴别塔的道德污点。他那个时代的科学革命可能起源于古代近东的技术成就，但这些成就被抽离出来，变成了病态、落后的关于陵墓和奢侈品的文化。绝对君主制源自这种文化，而牛顿的祖国英格兰在此前不久才遏制了这种文化。启蒙运动的曙光来自一个黑暗的源头，它不仅带来了农业、文学、天文学和航海，也带来了神圣的王权和王朝对死者的崇拜。直到接触到欧洲学术的“新光”时，启蒙的曙光才从迷信的阴影中解放出来，并作为人类进步新故事的一部分得到救赎，最终迎来理性与法律的统治。

到19世纪末，这种带有矛盾情感的研究古代近东的方法，已经成为新学科（诞生于对象形文字和楔形文字的解读）不可或缺的一部分。这些新学科被冠以“埃及学”和“亚述学”之名，与古希腊和古罗马研究区分开来，这反映出它们在人文地探索“自我”和科学研究“他者”之间的模糊地位。这种模糊地位在布雷斯特德［如他的《良知的曙光》（1934年）］和V. 戈登·柴尔德等学者的开创性著作中清晰可见。柴尔德广受欢迎的关于欧洲和近东考古学的综合性著作［包括《对最古老东方的新认知》（1934年）和《人类创造了自身》（1936年）］提出了至今仍具影响力的学术议程。在这些著作以及许多其他关于古埃及和美索不达米亚的奠基性著作中，我们发现，对于“文明”从古代东方迁移到现代西方这一当时所谓不可阻挡的进程，它们的描述表现出惊人的一致（但在许多方面又自相矛盾）。

东西方之间的“文明”，一个不可思议的概念？

那么，人类发展历程中的这段“元历史”包括什么呢？芝加哥大学东方研究所[①]入口那装饰性的门楣空间提供了一个切入点。该研究所成立于1919年，是“研究文明发展的实验室”。研究所的创始人詹姆斯·亨利·布雷斯特德指导设计了这个门口的楣饰，其浮雕装饰描绘了东西方相遇的场景。在场景中央，一位古埃及文士将刻有一段象形文字铭文的碎片递给了代表西方形象的人物。他们身边是一系列浮雕，包括人物和建筑，这些浮雕清晰地表明了他们作为两种不同文化传承代表的象征意义。西方文明的代表，即文字礼物的接受者，站在三座建筑前：雅典卫城、哥特式大教堂和现代摩天大楼。他身边有希罗多德、亚历山大大帝、恺撒大帝以及一系列无名人物（如十字军战士、考古学家和艺术史学家，象征着东西方历史

① 该所已于2023年改名为“西亚和北非古代文化研究所”（ISAC）。——编者注

之间更晚近的联系）。埃及代表一方的象征性景观包括伊朗西部的波斯波利斯宫殿（曾是阿契美尼德王朝的中心）、狮身人面像和吉萨金字塔。他站在一群伟大国王的行列之首，其中包括立法者汉谟拉比，这些国王都来自古代近东的不同地区，从波斯到埃及。

研究所的入口还有一个更巧妙的设计——楣饰的前景为分别代表东西方的图腾，狮子和水牛，将东西方这两种血统的区别置于自然界而非文化领域。东方和西方被描绘成不同的“物种”，只有在超自然的、净化人心的太阳圆盘下，它们才能交流。太阳圆盘的设计灵感来自埃及统治者阿蒙霍特普四世的神庙浮雕。阿蒙霍特普四世的宗教改革通常被视为一神论的起源。这个楣饰有着对称的整体设计，东西方的相遇在此看似是平等的。然而，主角们身处不同时代。他们占据着不同的时空。古代近东与现代西方相遇，文明在两者之间直接传递，完全排除了中东近代史。在这种表述中，现代文明虽然是西方独有的，却建立在（古代）东方基础之上。

回到未来

2003 年 4 月 15 日，美国杰出将领杰伊·蒙哥马利·加纳

图 18 芝加哥大学东方研究所入口上方的楣饰

站在伊拉克南部古老的乌尔塔庙前，4000 年的历史俯视着他，他欢呼着“文明的起源地”迎来了“自由伊拉克”的开端。芝加哥大学东方研究所大门的楣饰上描绘的奇迹般的景象——古代东方与现代西方水乳交融，文明得以重生——在那一刻成为焦点。但加纳那种欢呼雀跃的情感（更不用说表演效果）更像是属于拿破仑时代，而不是我们这个时代。正如爱德华·萨义德（Said, 1978）所说，我们首先应该回顾那个时代，才能理解我们对古代近东（和现代中东）态度的来源。这种态度“仍然主导着我们的当代文化和政治视角”。

然而，在这样做的时候，我们应该警惕，不要把欧洲与古代近东的交往简化为一种文化统治，也不要再制造“东方”和“西方”视角的永恒对立。在下一章我将讨论拿破仑对埃及的“解放”，伴随着这场解放的是一场精心配合的科学考察，它为系统调查和复原埃及古代历史奠定了制度基础。尽管拿破仑远征队在军事上失败了，但它还是为欧洲其他国家提供了一个样本，即直接地、更广泛地将对西方起源的研究扩展到近东祖先的土地上，从雅典到巴格达，开始建立起研究中心、博物馆和实地研究学校，并一直延续至今。

与之形成对比的是，美国和英国近年在伊拉克采取的军事行动伴随着对博物馆的掠夺和对考古遗址的大规模破坏。这一悲剧经常只被（西方）大众媒体报道为伊拉克人民对无人看守的“文明摇篮”的野蛮攻击，且毫无历史讽刺意味。[①] 我们不妨回顾一下，拿破仑与近东的相遇发生在欧洲历史一个关键的转折点上。对于许多普通的“西方人”来说，1789 年法国大革命（紧随美国独立战争）的意义远不止于推翻波旁王朝。它还预示着人类历史中一个漫长篇章的终结：欧洲大部分地区数百年来唯一可想象的政府体系——“王朝”的终结，以及新政治时代曙光的到来。

① 西方媒体深受西方中心主义文明观影响，报道向来存在选择性叙事，以此掩盖自身的历史责任，而将反抗者污名化。——译者注

第十章 Chapter 10

被摧毁的制度：法国大革命时期的埃及

孤寂的废墟、神圣的坟墓和无声的高墙，向你们致敬！当全人类戴着枷锁，在沉默中向暴君俯首称臣时，你们已经宣告了他们所憎恶的真理；以及，将国王的遗骸与最卑微的奴隶的遗骸混杂到一起，就已经向人类宣布了平等的神圣教条。

——沃尔内伯爵，《废墟：或对帝国革命和自然法则的思考》

（Comte de Volney，1791）

死者是旧法国，而那灵柩就是旧君主制的棺材。

——儒勒·米什莱，《法国大革命史》

（Jules Michelet，1879—1880）

莫娜·奥祖夫在她的《革命节日》(Ozouf, 1988)一书中唤起了人们对共和"剧场国家"的回忆。"剧场国家"在大革命恐怖统治结束后占领了巴黎街头，秋风扫落叶般摧毁了法国的旧制度。人们在莫尔托上演了"君主制的葬礼"，焚烧和打碎王室和宗教文物的仿真模型——雕像、画像、权杖，仿佛是要将君主制强行拖入废墟和遗迹等古文物之列。"尽管立法者为人民制定了法律，但节日为法律塑造了人民。"在这些非凡的表演中，最突出的是一系列受古埃及启发的意象。

1792年，巴黎公社总委员会下令拆除胜利广场上的路易十六雕像，用一座刻有牺牲的革命领袖名字的方尖碑(在指令中被误写为"金字塔")取而代之。同年，杜伊勒里宫举行了盛大的革命烈士纪念活动，其中的焦点建筑物是一座巨大的木质金字塔。在会议上发放的一份传单要求每位市民在金字塔底座献上花环，以纪念那些"帮助我们战胜暴君的英雄们！"。一年后，在巴士底狱的废墟上竖起了一座身着古埃及服饰的自然女神纪念雕像，以庆祝再生节。水从女神的乳房喷涌而出，流向下方的水池，人们在那里发表演讲，庆祝人民重返纯真和自由。

这一意象发生的意识形态背景可见于共和党领袖沃尔内伯爵(1791年)关于东方废墟的沉思——《废墟：或对帝国革命和自然法则的思考》。该书首次出版于法国革命初期，并迅速被翻译成英文，讲述了在当时仍受奥斯曼帝国控制的近东地区一位旅行者的沿途经历。旅行者在叙利亚大草原上的一座古城遗迹中憩息时，遇到了一个幽灵。幽灵向他展示了一幅可怕的景象：塞纳河和泰晤士河的河岸，如同他曾目睹的尼罗河和幼发拉底河的河岸一样，已沦为一片古建筑废墟。文明和进步从旧欧洲华丽的宫殿旁掠过，一路向西，向新世界刚刚解放的海岸前进。在那里，自由不受历史和君主制的束缚，欣欣向荣。彼得·休斯（Hughes, 1995）对《废墟：或对帝国革命和自然法则的思考》进行了鞭辟入里的分析，发现有必要悼念革命前波旁王朝的宫廷世界，即便它已被历史湮没。休斯认为，当往昔岁月被束缚于纸墨之间，或者注定要在记忆中褪色，废墟提供了一种方式，让过去的时光得以留存。用扬·阿斯曼（Assmann, 1997: 7–8）的话说，记住埃及就是“从不再属于自己的过去中解放出来……只有记住埃及，才能知道过去是什么，被禁锢于时光之中不能回来的又是什么”。

无论何时何地，革命思想都要求人们认识到自身目标的合理性，同时也要求人们认识到其颠覆对象的荒谬之处。法国大革命的经历，以及随之而来的长期的社会不稳定和旧式权威的周期性复辟，都提出了亟待解决的新问题：没有统治者的社会该如何运转？个人在集体中的地位和责任是什么？世俗知识是否足以取代等级秩序的戒律？关于现代化未来的愿景，我们需要新的思想来理解未来是从过去自然演化来的一部分。自然演化指的是：关于凝聚力和变革力量的思想将人类紧密联系在一起，形成稳定的“社会”，并随着时间的推移，推动其中一些社会经历不同的“文明阶段”，而另一些社会（如塞缪尔·亨廷顿所说）则“消失并被时间的流沙掩埋”。正如奥祖夫所言，“时间本身不仅仅是革命发生的场域，还是革命得以持续进行的原材料”。而现代性工作的核心要求之一就是，王权制度——连同其所有古老的外衣——必须被推到历史意识的边缘，变得怪模怪样、异国情调、奄奄一息：王权被凝固在时间中。

“解放”埃及与遗忘旧制度

当英国对印度莫卧儿王朝和东方贸易的控制日益加强，促使拿破仑·波拿巴于 1798 年入侵埃及时，上文提及的革命思想构成了当时社会和意识形态力量的一部分。当法国大革命的余烬仍在巴黎街头燃烧，法国督政府的主政者（拿破仑）以自由的名义对抗奥斯曼帝国，并在此过程中遇到了位于尼罗河谷地的古代帝王陵墓。面对金字塔这一壮观景色，这位法兰西第一共和国的将军禁不住进入其内部并短暂停留在国王的墓室之中。然而，这种充满讽刺意味的反差只是昙花一现。拿破仑在向亚历山大人民发表的胜利演说中，关注的并非这些法老遗产，而是埃及理想化的伊斯兰教过去：没有马穆鲁克暴政的枷锁，城市繁荣，贸易兴盛。随行的 167 名学者肩负着记录和侵占古建筑遗迹的任务。他们考虑的是法国国内的臣民，而不是埃及人民。

为纪念《埃及记述》（1809—1828）这部不朽著作的出版，人们铸造了由 J. J. 巴雷设计的青铜纪念章。纪念章上描绘了一位罗马高卢人的男性形象，他正揭开一位恳求的女人（象征古埃及）的面纱。她倚靠在一条鳄鱼身上，抚摸着鳄鱼的嘴，手持叉铃以唤起哈托尔女神，从而唤起女性的欲望。纪念章的背景忠实再现了在丹德拉的哈托尔女神庙。简言之，她与“玛丽安娜”的对立是精心设计的结果：玛丽安娜是法国共和美德和理性的女性化身，其充满活力的形象（也是自由女神像的雏形）在代表革命的官方肖像中象征着“人民”的胜利。毫无疑问，这个青铜纪念章上的图像不仅与发现和占有有关，也是一个有力的寓言，象征着异族力量的驯化和女性化。这里的异族力量以金字塔为代表，它在画面上高卢人的身后清晰可见。自中世纪以来，埃及被视为神秘智慧之源，拥有特殊地位，欧洲王朝曾借此来巩固自己的权威。“揭开埃及的面纱”这一主题则进一步表明，埃及的这种特殊地位已经终结，不复存在。

法国进攻埃及的真相，其实是一个更为平庸和残酷的故事。我们有幸获得第一手资料——约瑟夫-马里·穆瓦雷上尉的日记，其中的记载与后来几十年间出现的官方陈述形成了鲜明对比。在金字塔战役中，穆瓦雷的部队协助击败了由英国政府配备马刀和枪支的马穆鲁克骑兵。他写道："我们渴望击败异教徒的英雄们，为我们基督教先辈的流血牺牲报仇。"《埃及记述》的卷首插画展现的是高卢勇士英勇冲锋的场景。然而，在关键时刻，并非如插画所描绘的那样仅靠英勇便能决定胜负，最主要的是依靠步兵的严明纪律。贝尔蒂埃将军评论道："没有哪场战役比这场战役更清楚地表明，欧洲人的战术相较于东方人冲动莽撞的勇气更胜一筹。"

9月，尼罗河的洪水开始每年一度的退潮。在火把映照的一个夜晚，开罗的居民目睹了一幕不同寻常的景象。法国士兵聚集在阿兹巴克亚广场中央特别建造的"金字塔"周围。塔上刻着他们在反抗"马穆鲁克暴政"的斗争中牺牲的战友的名字。纪念碑周围悬挂的横幅写着"法兰西共和国万岁"和"神就是神，穆罕默德是神的先知"。士兵们奉命征服埃及人民的身心，并占领他们的港口和城市。当晚，他们正在庆祝共和国的节日，庆祝活动被拿破仑·波拿巴起草的公开宣言推到高潮，它宣布"民主政府时代"已经降临到古代王权之乡——埃及。然而，事实证明，民主在法国也还远未得到保

图 19　为纪念《埃及记述》出版而颁发的青铜纪念章，1826 年

障。这个宣言的要义对穆瓦雷饥肠辘辘、疲惫不堪的军队来说毫无意义，他们“始终忠于祖国，而不是某种政府形式”。

近一个世纪后，著名军事艺术家莫里斯·奥朗热创作了一幅作品，展示了拿破仑与埃及这场充满矛盾的相遇。从拿破仑进军埃及开始到 1895 年（即这幅作品创作之时），法国经历了王朝统治和共和政体之间的四次剧烈转变。奥朗热笔下的拿破仑站在大金字塔前：督政府的主政者面对着新出土的古埃及国王的木乃伊。木乃伊的裹尸布已经开始掉落，或者可能是被故意移除的，露出了那张未受岁月变迁影响的脸。这幅画可能唤起某些永恒的主题，例如权力的稍纵即逝；同样，它也可以被

图 20（1798 年埃及远征时）拿破仑·波拿巴将军站在金字塔前，凝视着一具“国王的木乃伊”。仿莫里斯·奥朗热的绘画

解读为对拿破仑个人帝国野心的讽刺。然而，它也提出了一个明显的现代困境，而奥朗热那一代人对此比我们更有体会：如何一劳永逸地将对王权的记忆埋葬在地下？正如儒勒·米什莱在其充满激情的《法国大革命史》中所言，如何“永远埋葬我们曾经热切相信的梦想——父权制王室、仁善的政府、宽厚的君主以及牧师的慈悲；对尘世神明隐含的虔诚信仰”。在奥朗热的画中，这位死去的君王并不只属于埃及的过去。他留着胡子的脸无疑指向拿破仑三世——法兰西第三共和国成立之前的法国最后一位统治者。从某种意义上说，他与不幸的威廉皇帝在历史上遥相呼应。我在前文谈到了后者与古代近东的奇怪关联。因此，拿破仑·波拿巴真正遇到的并非一个遥远的文明，而是米什莱所说的欧洲旧制度的“吸血鬼”。它们死灰复燃、卷土重来，企图夺取尚未到来的未来。

冷酷的博物馆和欢笑的看客

1793 年，作为法国公共机构的中央艺术博物馆卢浮宫对外开放，标志着法国“高雅文化”的民主化。曾经的王室宫殿成了展示艺术品的场所，这些数量惊人的艺术品都是拿破仑·波拿巴军队在对比利时（1794 年）和意大利（1796—1799

年）的战役中查没充公而来的。卢浮宫也在 1803 年改名为拿破仑博物馆。艺术委员安德烈·图安在给拿破仑·波拿巴的一封信中表达了自己的观点："法国对意大利的掠夺是对军队精神战胜衰败的奖赏，这与希腊人对埃及人，以及罗马人对希腊人的所作所为完全相似。"正如塞西尔·古尔德（Gould，1965：13、40）所言，欧洲第一家国立博物馆的诞生背后有"三个父辈，分别是：共和主义、反教权主义以及成功的侵略战争……法国大革命树立了一个自身需要人们献祭的偶像"。

直到 1826 年，查理十世短暂恢复君主制期间，卢浮宫才开辟了专门介绍古埃及的展区。其馆长让·弗朗索瓦·商博良在此前不久宣布成功破译象形文字，这预示了埃及学作为一门现代学科的诞生。卢浮宫有两个展厅专门用于展示王室葬礼，第三个展厅用于展示珍贵物品和材料，第四个展厅用于展示与宗教信仰相关的内容。这第四个展厅的天花板上装饰有一幅寓意深刻的画作，名为《艺术研究与天赋之神向希腊展示古埃及》，描绘了从腐朽暴政转向开明政府带来的回报。在豪华的殡葬展厅中央，有一个大平台，上面摆放着精美石棺的上半部分，而石棺的下半部分——装着奇迹般保存下来的埃及精英们的遗体——却被敷衍地放在平台下面的地板上。

在这里，任何公民都可以与古埃及的王权并肩而立，用神圣国王暴露在外的形象来衡量自己的存在；同时还可以将古埃及国王的造像尺寸与其浮夸的纪念碑进行比较（其中一部分也在卢浮宫展出）。卢浮宫博物馆的古埃及展厅向巴黎人民展示的不仅仅是东方文明的奇妙“他者”，还有王朝统治的化身。后者被放置在古老文化的玄秘遗迹之上，安全地处于现代性的门槛之后。公众的窥视目光代替断头台，成为揭开君主制的面纱并终结其幽灵的手段。从这个意义上说，卢浮宫博物馆以具象的形式预料到了米什莱《法国大革命史》的主题，以及对人类历史的全新理解：

> 这部关于法国大革命的历史还将清晰地证明，在各个方面，人民通常比领导者更为重要。我越是深入挖掘，就越发确信，最好的东西埋藏在下面，在幽深的深处……为了重新找到人民，并让他们回归应有的位置，我不得不把那些野心勃勃的木偶还原到他们本来的比例。是人民在操纵这些木偶的线绳，然而，我们却一直试图从这些木偶身上窥探历史的秘密游戏。

从今天的视角回顾拿破仑时代，可以更清楚地认识到这些文化视角是如何形成的。如今，我们已习惯通过这些视角来观察古代近东的遗迹。对于现代国家博物馆的残酷无情，我们已经见怪不怪，对它滑稽地模仿神圣王权也习以为常。我们开始期待，甚至欣赏那些不知通往何处的宏伟大门、两侧空无一人但依旧高傲的王室雕像、陈列在透明玻璃柜中的昔日神明，以及那些曾经被精心保存、而今被公开陈列供人审视的尸体：被掏空的“政治身体”，显得无力、古怪，乃至滑稽。因此，我们回到“距离”这一主题，探讨臣民与神圣国王之间的情感距离。随着旧制度的崩溃，从波士顿港、巴黎到德黑兰的阿扎迪广场，这种距离逐渐被重塑为“社会”与各种形式的“国家”之间的新型关系。不论古代还是现代，在这方面都如出一辙。

结论：什么造就了文明？

Conclusion

古代近东被誉为“西方文明的摇篮”，这一传统形象再也不能被视为理所当然的了。一些学者提出疑问：如果过去与现在之间存在其他叙事有待讲述，其他联系有待探索，那么为何要将美索不达米亚和埃及早期的成就仅仅视为“西方崛起”的前奏？然而，在另一个（甚至截然相反的）脉络里，研究古典世界的历史学家最近受到严厉批评，原因是他们未能充分承认希腊对古代近东所欠下的文化债务。

这些学术争论背后是严峻的政治和经济现实。对中东地区的许多现代国家而言，宣传前伊斯兰教时期的历史不仅代表了招揽西方游客的手段，也是实现世俗知识与认同以及融入世界市场的途径。谁来占有以及如何保护和呈现前伊斯兰教时期的文化已成为意识形态斗争的焦点，影响着整个地区的社会日常生活。随着古代遗迹越发激烈地卷入当下的冲突，应当思考我们一定能从古代近东地区汲取的经验教训。从一百多年来研究所积累的无数文物和遗址研究报告中，我们能得出什么结论？

显然，美索不达米亚和埃及的平行发展能够揭示的是：人类社会深深依附于他们所遵循的观念，并愿意忍受不平等以维护这些基本原则。尽管这两个地区之间互通有无，尽管其他生活领域几乎都发生了变化，但关于如何创造和安排世界的基本观念（如保持房屋整洁或身体洁净），数千年来在这两个地区一直保持不变（且始终与众不同）。人们对实现这种秩序感的渴望，以及在此过程中需要做出的牺牲，引发了惊人的物质流通。从阿富汗到土耳其，从黎巴嫩的森林到阿拉伯的沙漠，这些物质流通改变了社会，重塑了环境。

但众神从未满足，他们的工作从未完成。当考虑再次重塑我们的世界秩序时，我们肯定能从中学到一些东西。从历史的角度来看，文明是融合和借鉴的结果。这些融合和借鉴往往具有随意性，但规模十分惊人。对文明的探究将我们带入一个宏大的历史叙事中。这一叙事由人类的日常活动逐步构建，它超越了某一个社会的局限，视野如此宏大，甚至惊扰到了诸神。然而，通过将文明提升到人类成就之巅，或者试图按照一个理想形象来规划人类的未来，我们难道不是在旧神陨落的地方造新神吗？看上去，这个问题像时间一样古老，又像我们的明天一样崭新。

延伸阅读　Further Reading

现如今，如果我们想同亨利·富兰克弗特在半个多世纪前所做的巧妙工作那样（见他 1951 年出版的《近东文明的起源》），系统地比较埃及和美索不达米亚社会的早期发展，那么我们需要投入比他多很多倍的时间进行研究。如今，大多数著作都专注于某一特定地区，对当地的社会制度、建筑、居住模式、宗教与仪式、艺术风格以及文字等方面进行系统而深入的研究。这些研究的精细程度远超本书所能达到的水平。我也无意在现有的众多“重大发掘”记录中增添新的内容，或是试图评估考古学、埃及学和亚述学等学科的知识发展——这些主题已有大量文献涉及，其中一些将在下文中提及。在这本篇幅有限的书中，我将重点放在序言和引言中列出的若干核心问题上。

接下来是逐章评论，我将列出参考的主要资料来源。为使本书简洁易懂，我主要参考了更容易获取的文献，尤其是那些为学术期刊中更专业的研究奠定基础的英文文献。专业期刊中的文献如果不是与章节中的论点直接相关，我都会略过不提。我还提供了每章可直接参考的作品清单，并在适当位置提供了链接，这些链接指向一些权威学术平台。这些平台可以提供当前实地发掘的结果和其他有用的资源。

对于希望了解古埃及和美索不达米亚概况的读者，我首先推荐几本书。对于美索不达米亚，最好的入门书籍是 Nicholas Postgate, *Early Mesopotamia: Society and Economy at the Dawn of History* (New York: Routledge, 1996)；对该书所涉时期更详细的论述，参见 Susan Pollock, *Ancient Mesopotamia: The Eden That Never Was* (Cambridge: Cambridge University Press, 1999)；对王朝社会直至新王国时期末期充满灵感且资料翔实的解读，参见 Barry Kemp, *Ancient Egypt: Anatomy of a Civilization*, 2nd edn. (London: Routledge, 2006)；David Wengrow, *The Archaeology of Early Egypt: Social Transformations in North-East Africa, 10,000 to 2650 BC* (Cambridge: Cambridge University Press, 2006)，这两本书涵盖了史前时期和早王朝时期，并提供了大量参考资料，为本书探讨的一些观点提供了进一步的背景资料。John Baines and Jaromír Málek, *Cultural Atlas of Ancient Egypt,* rev. edn. (New York: Facts on File, 2000) 和 Michael Roaf,

Cultural Atlas of Mesopotamia and the Ancient Near East (New York: Facts on File, 2000) 对各个地区进行了出色的调查，并配有彩色插图。

Jack M. Sasson et al. (eds.), *Civilizations of the Ancient Near East* (New York: Charles Scribner's Sons, 1995) 就埃及和美索不达米亚文化和社会的许多方面进行了专业评述，并附有更多的参考资料。这一四卷本合集还收录了从古代到公元 20 世纪欧洲对古代近东的接受和研究方面的历史性文章，信息十分丰富。Amélie Kuhrt, *The Ancient Near East, c.3000—330 BC,* 2 vols. (New York/London: Routledge, 1995) 综合了从最早的文字记载到亚历山大大帝时期的历史资料，是同类研究中的佼佼者。另一本优秀的著作是 Marc Van De Mieroop, *A History of the Ancient Near East, ca.3000—323 BC* (Malden, MA/Oxford: Blackwell, 2004)，但该书更侧重于美索不达米亚地区。关于艺术和建筑，请参阅 Henri Frankfort, *The Art and Architecture of the Ancient Orient*, 5th edn., with commentary by Michael Roaf and Donald Matthews (New Haven, CT/London: Yale University Press, 1996)；以及 William Stevenson Smith, *The Art and Architecture of Ancient Egypt*, 3rd edn., rev. William Kelly Simpson (New Haven, CT/London: Yale University Press, 1998)。

Bruce Trigger, *Understanding Early Civilizations* (Cambridge: Cambridge University Press, 2003) 将埃及和美索不达米亚与商朝时期的中国、阿兹特克以及其他古代社会并列，试图为“早期文明”寻找一个普遍的定义。这本书可以与下面这篇论文进行对比，该文通过比较埃及和美索不达米亚，探讨了它们对当地的社会和政治发展顺序的启示：John Baines and Norman Yoffee, ‘Order, Legitimacy, and Wealth in Ancient Egypt and Mesopotamia’, in Gary M. Feinman and Joyce Marcus (eds.), *Archaic States* (Santa Fe, NM: School of American Research Press, 1998)。上述两项研究都为本节讨论的主题提供了重要的视角，并补充了大量信息。

序言和致谢

本书所遵循的特定方法论，其核心思想源自一篇纲领性文章：Emile Durkheim and Marcel Mauss, ‘Note sur la notion de civilization’, *Année sociologique* 12 (1913): 46–50。对该文的翻译及评论参见：Nathan Schlanger, *Marcel Mauss: Techniques, Technology and Civilization* (New York/Oxford: Durkheim Press; Berghahn Books, 2006)。我的研究方法还借鉴了埃利亚斯对中世纪晚期欧洲的分析，参见 Norbert Elias, *The Civilizing Process* (Oxford: Blackwell, 1990; German original, 1939)。Jóhann P. Árnason, *Civilizations in Dispute: Historical Questions and Theo-*

retical Traditions (Leiden/Boston: Brill, 2003) 全面评述了社会与历史思想中的“文明”概念。Milbry Polk and Angela M. H. Schuster (eds.), *The Looting of the Iraq Museum, Baghdad: The Lost Legacy of Ancient Mesopotamia* (New York: Abrams, 2005) 则围绕 2003 年 4 月伊拉克博物馆的命运展开。

引言：文明的冲突？

Edward Said, *Orientalism: Western Conceptions of the Orient*, 4th edn. (London: Penguin, 1995) 仍然是理解本书所关注主题的必备背景读物。Martin Bernal, *Black Athena: The Afroasiatic Roots of Classical Civilization*, vol.I: *The Fabrication of Ancient Greece 1785—1985* (London: Free Association Books, 1987)一书也相当重要。该书认为，自 18 世纪以来，欧洲对古代近东及其对西方文化贡献的看法，受到了种族主义和帝国主义议程的严重扭曲。之后，他重构了青铜时代地中海地区的文化关系，这种重构在实证层面受到广泛批评。同样受到质疑的还有他隐含的观点，即埃及对世界历史的贡献必须通过其对希腊文明的影响来衡量。若想要了解针对其观点具有代表性的回应，可参见 Mary R. Lefkowitz and Guy MacLean Rogers (eds.), *Black Athena Revisited* (Chapel Hill/London: University of North Carolina Press, 1996) 一书。Thomas Scheffler,‘Fertile Crescent, Orient,

Middle East: The Changing Mental Maps of Southwest Asia', *European Review of History* 10 (2003): 253–72 对现代地缘政治如何塑造当代对古代近东的理解进行了清晰的讨论。

John Rundell and Stephen Mennell (eds.), *Classical Readings in Culture and Civilization* (London: Routledge, 1998) 收录了吕西安·费弗尔、西格蒙德·弗洛伊德等人在 20 世纪早中期关于文明的论文；另可参考弗朗茨·施泰纳 1944 年的论文：Franz Steiner, 'On the Process of Civilization', in Jeremy Adler and Richard Fardon (eds.), *Orientpolitik, Value, and Civilization* (New York/ Oxford: Berghahn, 1999)。Richard Overy, *The Morbid Age: Britain between the Wars* (London: Penguin, 2009) 评估了 20 世纪中期人们对隐约逼近西方文明的危机的担忧，并将其与我们当前的时代精神进行了类比，引人深思。

参考的其他著作包括：H. Frankfort, *The Birth of Civilization in the Near East* (Bloomington: Indiana University Press, 1951); F. Fukuyama,'The End of History?', *The National Interest* (Summer 1989); John M. Headley,'Geography and Empire in the Late Renaissance: Botero's Assignment, Western Universalism, and the Civilizing Process', *Renaissance Quarterly* 53 (2000): 1119–55; S. P. Huntington, 'The Clash of Civilizations?', *Foreign Affairs* 72 (1993): 22–49; *idem*, *The Clash of Civilizations and the Remaking of World Order* (New York: Simon and Schuster, 1996); J. M. Lundquist,'Babylon in European Thought', in Jack M. Sasson et al. (eds.), *Civilizations of the Ancient Near East* (New York: Scribner, 1995), 67–80; G. Maspero, *The Struggle of the Nations: Egypt, Syria, and Assyria* (London: Society for Promoting Christian Knowledge, 1896); C. Quigley, *The Evolution of Civilizations: An Introduction to Historical Analysis* (New York: Macmillan, 1961); E. Said, 'The Clash of Ignorance', *The Nation* (22 October 2001); H.V. F. Winstone, *Gertrude Bell* (London: Barzan, 2004).

第一章 隐秘的采借

我们可以在埃及和美索不达米亚文学的选集中找到'The Report of Wenamun'和'Epic of Gilgamesh'的译文，例如 William Kelly Simpson (ed.), *The Literature of Ancient Egypt: An Anthology of Stories, Instructions, Stelae, Autobiographies, and Poetry* (New Haven, CT/London: Yale University Press, 2003)；以及 Stephanie Dalley, *Myths from Mesopotamia: Creation, The Flood, Gilgamesh, and Others* (Oxford/New York: Oxford University Press, 2000)；另见 Benjamin R. Foster, *The Epic of Gilgamesh* (New York/London: Norton, 2001)。关于比布鲁斯的早期历史，可参考 Nina Jidejian, *Byblos through the Ages,* 2nd edn. (Beirut: Dar An-

Nahar, 2000)；以及 Claude Doumet-Serhal (ed.), *Decade: A Decade of Archaeology and History in Lebanon* (Beirut: Lebanese British Friends of the National Museum, 2004)。

关于埃及和美索不达米亚文明对外部世界的认知和分类，以下文献进行了批判性研究：Mario Liverani, *Prestige and Interest: International Relations in the Near East ca. 1600—1100 BC* (Padova: Sargon, 1990); David O'Connor and Stephen Quirke (eds.), *Mysterious Lands* (London: UCL Press, 2003); Timothy Potts, *Mesopotamia and the East: An Archaeological and Historical Study of Foreign Relations ca. 3400—2000 BC* (Oxford: Oxford University Committee for Archaeology, 1994)。关于埃卜拉出土的档案材料及其历史意义，可参考 Giovanni Pettinato, *Ebla: A New Look at History*, trans. C. Faith Richardson (Baltimore: Johns Hopkins University Press, 1991)；但也可参考 Piotr Michalowski, 'Third Millennium Contacts: Observations on the Relationships between Mari and Ebla', *Journal of the American Oriental Society* 105 (1985): 293-302 中提出的保留意见。

若想了解全球已知最早的书写系统及其功能与发展历程，读者可参阅：A.-M. Christin (ed.), *A History of Writing: From Hieroglyph to Multimedia* (Paris: Flammarion, 2002)。想要了解对最早文字的更专业且通常技术性较强的讨论，可以参考 Stephen

D. Houston (ed.), *The First Writing: Script Invention as History and Process* (Cambridge: Cambridge University Press, 2004)。Marc Van de Mieroop, *Cuneiform Texts and the Writing of History* (London/New York：Routledge, 1999) 详细探讨了如何翻译楔形文字。John Baines,*Visual and Written Culture in Ancient Egypt* (Oxford/New York: Oxford University Press, 2007) 则从多元视角系统论述了埃及文字的发明与发展。

关于伊拉克和伊朗史前灌溉系统的证据，可参阅 G. K. Gillmore et al., 'Irrigation on the Tehran Plain, Iran: Tepe Pardis—The Site of a Possible Neolithic Irrigation Feature?', *Catena* 79 (2009): 285–300。关于叙利亚北部早期城市化的研究，可以参考 Joan Oates et al., 'Early Mesopotamian Urbanism: A New View from the North', *Antiquity* 81(2007)：585–600。Robert M. Adams, *Heartland of Cities: Studies of Ancient Settlement and Land Use on the Central Floodplain of the Euphrates* (Chicago: University of Chicago Press, 1981) 和 Tony J. Wilkinson, *Archaeological Landscapes of the Near East* (Tucson: University of Arizona Press, 2003) 以及 *Bulletin on Sumerian Agriculture* (Cambridge: Sumerian Agriculture Group, 1984–95) 对古代近东的土地使用系统有更进一步的研究。关于史前埃及和古埃及的农业实践，Karl W. Butzer, *Early Hydraulic Civilization in Egypt: A Study in Cultural*

Ecology (Chicago: University of Chicago Press, 1976) 仍然具有重要的参考意义；此外，还可以参考 Alan K. Bowman and Eugene L. Rogan(eds.), *Agriculture in Egypt, from Pharaonic to Modern Times* (Oxford: Oxford University Press for the British Academy, 1999)。

其他参考的著作包括：B. Anderson, *Imagined Communities* (London/New York: Verso, 1991); K. Eckholm and J. Friedman, 'Capital Imperialism and Exploitation in Ancient World Systems', in M. T. Larsen(ed.), *Power and Propaganda: A Symposium on Ancient Empires* (Copenhagen: Akademisk Forlag, 1979), 41–58; Marcel Mauss,'The Nation' (1920), in Nathan Schlanger, *Marcel Mauss: Techniques, Technology and Civilization* (New York/Oxford: Durkheim Press; Berghahn Books, 2006), 41–48; K. A. Wittfogel, *Oriental Despotism: A Comparative Study of Total Power* (New Haven, CT/London: Yale University Press, 1957)。

第二章　在追寻蓝发神灵的道路上

Krzysztof M. Ciałowicz, *Ivory and Gold: Beginnings of Egyptian Art* (Poznań: Poznań Prehistoric Society, 2007) 展示了法哈土丘出土的雕像外壳。Jaromír Málek, *Egypt: 4000 Years of Art* (London: Phaidon, 2003) 有对图坦卡蒙的陪葬面具和舍顺克

手镯的插图说明。本章提到的许多其他物品，包括来自马里和乌尔的材料，出现在 Joan Aruz (ed.), *Art of the First Cities* (New York: Metropolitan Museum of Art; New Haven, CT/London: Yale University Press, 2003) 里，在该书中，专家们总结了他们关于公元前三千纪从印度河流域到地中海的地区发展的观点。

关于玻璃与彩陶制造的考古证据，可参阅以下著作：Roger (P.R.S.) Moorey, *Ancient Mesopotamian Materials and Industries: The Archaeological Evidence* (Winona Lake, IN: Eisenbrauns, 1999) 和 Paul T. Nicholson and Ian Shaw (eds.), *Ancient Egyptian Materials and Technology* (Cambridge: Cambridge University Press, 2000)。这两部著作提供了关于美索不达米亚和埃及手工艺的详细而权威的评述，记录了特定材料的使用变迁。关于青铜时代爱琴海地区青金石、玻璃与彩陶的使用，参见 Caroline M. Jackson and Emma C. Wagner (eds.) *Vitreous Materials in the Late Bronze Age Aegean* (Oxford: Oxbow, 2008)。

想要了解跨区域贸易的宏观研究，也可参考 Shereen Ratnagar, *Trading Encounters: From the Euphrates to the Indus in the Bronze Age* (New Delhi/Oxford: Oxford University Press, 2004); Victor Mair (ed.), *Contact and Exchange in the Ancient World* (Honolulu: University of Hawaii Press, 2006), Andrew Bevan, *Stone Vessels and Values in the Bronze Age Mediterranean* (Cambridge:

Cambridge University Press, 2007)。关于埃卜拉的青金石，参见 Giovanni Pettinato, *Ebla: A New Look at History*, trans. C. Faith Richardson (Baltimore: Johns Hopkins University Press, 1991)。关于摩亨佐达罗、乌尔和特洛伊出土的个人饰物的比较研究，见 Joan Aruz 编著的前引书。若想了解古埃及矿物世界的文化与象征意义分析，可详见 *Sydney Aufrère, L'Univers minéral dans la pensée égyptienne* (Cairo: Institut français d'archéologie orientale, 1991)。

其他相关文献包括：R. D. Griffith,'Gods' blue hair in Homer and Eighteenth-Dynasty Egypt', *Classical Quarterly* 55 (2005): 329–34; D. T. Potts, *Mesopotamian Civilization: The Material Foundations* (London: Athlone Press, 1997); S. Sherratt, 'Archaeological Contexts', in J. M. Foley (ed.), *A Companion to Ancient Epic* (Malden, MA/Oxford: Wiley-Blackwell, 2005)。

第三章　新石器时代的不同世界

关于青金石及其他材料被精心埋藏在神庙地基中的情况，可参考 Richard S. Ellis, *Foundation Deposits in Ancient Mesopotamia* (New Haven, CT: Yale University Press, 1968)。关于高拉土丘史前墓葬的记载，参见 Mitchell S. Rothman, *Tepe Gawra: The Evolution of a Small, Prehistoric Center in Northern Iraq*

(Philadelphia: University of Pennsylvania, Museum of Archaeology and Anthropology, 2002)。想要了解青金石最早在美索不达米亚和埃及出现的情况，可参阅 Roger (P.R.S.) Moorey, *Ancient Mesopotamian Materials and Industries: The Archaeological Evidence* (Winona Lake, IN: Eisenbrauns, 1999) 以及 Paul T. Nicholson and Ian Shaw (eds.), *Ancient Egyptian Materials and Technology* (Cambridge: Cambridge University Press, 2000)。

有关新石器时代社会贸易与交流的研究文献多限于专业期刊。关于近东地区的综合性论述，参见 David Wengrow, 'The Changing Face of Clay: Continuity and Change in the Transition from Village to Urban Life in the Near East', *Antiquity* 72 (1998): 783−95; *idem*, *The Archaeology of Early Egypt* (Cambridge: Cambridge University Press, 2006); Andrew G. Sherratt,'Cash-Crops before Cash: Organic Consumables and Trade', in Chris Gosden and John G. Hather (eds.), *The Prehistory of Food: Appetites for Change* (London: Routledge, 1999), 13–34。谢拉特关于史前贸易的多篇重要论文收录于：*Economy and Society in Prehistoric Europe: Changing Perspectives* (Edinburgh: Edinburgh University Press, 1997)；另见 'Reviving the Grand Narrative: Archaeology and Long-Term Change', *Journal of European Archaeology* 3 (1995): 1–33。

随着新资料的出现，学界对“新月沃地”动植物驯化及农业传播的认知正在不断更新。学界提出的综合论述常常受到理论立场的严重制约，因此对社会与环境因素的归因程度也各异。例如，可比较下面两部著作：Jacques Cauvin, *The Birth of the Gods and the Origins of Agriculture* (Cambridge: Cambridge University Press, 2000); Peter Bellwood, *The First Farmers: The Origins of Agricultural Societies* (Malden, MA/Oxford: Blackwell, 2005)。更多信息可参考 David R. Harris (ed.), *The Origins and Spread of Agriculture and Pastoralism in Eurasia* (London: UCL Press, 1996); Sue Colledge and James Conolly (eds.), *The Origins and Spread of Domestic Plants in Southwest Asia and Europe* (Walnut Creek, CA: Left Coast Press, 2007)。关于埃及和苏丹的早期农业，参见 David Wengrow, *op. cit*.(2006); Peter Mitchell, *African Connections: An Archaeological Perspective on Africa and the Wider World* (Walnut Creek, CA: AltaMira, 2005)。

关于史前时期地中海东部地区及波斯湾海上活动（包括家畜传播至塞浦路斯）的证据，分别参见以下研究：Cyprian Broodbank, 'The Origins and Early Development of Mediterranean Maritime Activity', *Journal of Mediterranean Archaeology* 19 (2006): 199–230；Nicole Boivin and Dorian Q. Fuller,'Shell Middens, Ships, and Seeds: Exploring Coastal Subsistence, Maritime Trade and the Dispersal of Domesticates in and around the Ancient Arabian Peninsula', *Journal of World Prehistory* 22 (2009): 113–80；另见 Robert Carter,'Boat Remains and Maritime Trade in the Persian Gulf during the Sixth and Fifth Millennia BC', *Antiquity* 80 (2006): 52–63。关于新石器时代乳制品生产的证据，参见 R. P. Evershed et al., 'Earliest Date for Milk Use in the Near East and Southeastern Europe Linked to Cattle Herding', *Nature* 455 (2008): 528–31。

关于哥贝克力石阵的详细讨论，参见 Klaus Schmidt, *Sie bauten die ersten Tempel: Das rätselhafte Heiligtum der Steinzeitjäger* (Munich: Beck, 2007)；关于仪式在早期农业社会中的作用，参见 Ian Hodder, *Çatalhöyük: The Leopard's Tale; Revealing the Mysteries of Turkey's Ancient 'Town'* (London: Thames and Hudson, 2006)。关于埃及和苏丹相关主题的研究，参见 David Wengrow (2006), *op. cit.*。多里安·富勒与迈克尔·罗兰兹对非洲和亚洲各地早期食物加工技术的创新比较研究（基于米谢勒·沃斯通克拉夫特的第一手研究），与本书多个论点密切相关，他们的研究成果发表于纪念安德鲁·谢拉特的文集：'Ingestion and Food Technologies—Maintaining Differences over the Long-Term in West, South and East Asia', in D. J. Bennet et al. (eds.), *Interweaving Worlds: Systemic Interaction in Eurasia, 7th to 1st Millennia BC* (Oxford: Oxbow Books, 2011), 37–60。

其他参考文献包括：D. Edwards, 'Ancient Egypt in the Sudanese Middle Nile: A Case of Mistaken Identity?', in D. O'Connor and A. Reid (eds.), *Ancient Egypt in Africa* (London: UCL Press, 2003), 137–50; R. Haaland, 'Porridge and Pot, Bread and Oven: Food Ways and Symbolism in Africa and the Near East', *Cambridge Archaeological Journal* 17 (2007): 165–82; I. Hodder, *The Domestication of Europe* (Oxford: Blackwell, 1990); C. Lévi-Strauss, *The Savage Mind* [*La pensée sauvage*] (London: Facts on File, 1966)。关于加泰土丘，参见 http://www.catalhoyuk.com；关于史前埃及的大量文物收藏，以及在线学习资源，参见 https://www.ucl.ac.uk/museums-collections/petrie-museum-egyptian-and-sudanese-archaeology。

第四章 （第一个）地球村

关于欧贝德时期的综合研究，可参考以下著作：Petr Charvát, *Mesopotamia before History* (London: Routledge, 2002)；Peter M. M. G. Akkermans and Glenn Schwartz,*The Archaeology of Syria: From Complex Hunter-Gatherers to Early Urban Societies, c.16,000–300 BC* (Cambridge: Cambridge University Press, 2003)；David Wengrow,'The Changing Face of Clay: Continuity and Change in the Transition from Village to Urban Life in the Near East', *Antiquity* 72

(1998): 783–95; Susan Pollock, *Ancient Mesopotamia: The Eden That Never Was* (Cambridge: Cambridge University Press, 1999)。关于欧贝德时期海上贸易的详细评估，参见 Robert Carter, 'Boat Remains and Maritime Trade in the Persian Gulf during the Sixth and Fifth Millennia BC', *Antiquity* 80 (2006): 52–63。关于波斯湾"黑暗千年"的研究，参见 Adrian G. Parker and Andrew S. Goudie, 'Development of the Bronze Age Landscape in the Southeastern Arabian Gulf: New Evidence from a Buried Shell Midden in the Eastern Extremity of the Rub' al-Khali desert, Emirate of Ras al-Khaimah, U.A.E.', *Arabian Archaeology and Epigraphy* 18 (2007): 132–8；关于末次冰期结束后波斯湾水域形成过程的研究，参见 Kurt Lambeck,'Shoreline Reconstructions for the Persian Gulf since the Last Glacial Maximum', *Earth and Planetary Science Letters* 142 (1996): 43–57。

关于冶金学起源的考古证据，见以下研究：Vincent C. Pigott (ed.), *The Archacometallurgy of the Asian Old World* (Philadelphia: Museum University of Pennsylvania, 1999); Roger (P.R.S.) Moorey, *Ancient Mesopotamian Materials and Industries: The Archaeological Evidence* (Winona Lake, IN: Eisenbrauns, 1999); Paul T. Nicholson and Ian Shaw (eds.), *Ancient Egyptian Materials and Technology* (Cambridge: Cambridge University Press,

2000); Evgenyi N. Chernykh, *Ancient Metallurgy in the USSR: The Early Metal Age* (Cambridge: Cambridge University Press, 1992); Thomas E. Levy, *Journey to the Copper Age* (San Diego: San Diego Museum of Man, 2007)；关于德伊尔门土丘的研究，参见K. Aslihan Yener, *The Domestication of Metals* (Leiden: Brill, 2000)。关于果树栽培与羊毛纺织品的传播研究，参见 Andrew G. Sherratt,'Cash-Crops before Cash: Organic Consumables and Trade', in Chris Gosden and John G. Hather (eds.), *The Prehistory of Food: Appetites for Change* (London: Routledge, 1999), 13–34; Joy McCorriston,'The Fibre Revolution: Textile Extensification, Alienation, and Social Stratification in Ancient Mesopotamia', *Current Anthropology* 38 (1997): 517–49。关于新石器时代无花果驯化的初步证据，参见 Mordechai Kislev et al.,'Early Domesticated Fig in the Jordan valley', *Science* 312 (5778): 1372–4，批判性评论参见 Simcha Lev-Yadun et al. in ibid. 314 (5806): 1683。

关于印章使用的早期发展评述，参见 Dominique Collon, *First Impressions: Cylinder Seals in the Ancient Near East* (London: British Museum, 1995)，及其同一作者的另一部著作：*7000 Years of Seals* (London: British Museum, 1997)。Denise Schmandt-Besserat, *Before Writing,* 2 vols. (Austin: University of Texas Press, 1992) 一书的研究主题是陶筹和其他微型物件上的楔形文字的

演变过程，但该研究在逻辑与细节两方面都受到了严厉批评，参见 Paul E. Zimansky in the *Journal of Field Archaeology* 20 (1993): 513–17。

其他参考文献包括：V. Gordon Childe, *The Bronze Age* (Cambridge: Cambridge University Press, 1930); *idem, Man Makes Himself* (London: Watts, 1936); M. Eliade, *The Forge and the Crucible* (London: Rider, 1978); R. Redfield, *The Primitive World and Its Transformations* (Ithaca, NY: Cornell University Press, 1953)。

第五章　城邦的起源

关于《苏美尔王表》的一个译本及美索不达米亚史学的一般讨论，参见：Jean-Jacques Glassner, *Mesopotamian Chronicles* (Atlanta: Society of Biblical Literature, 2004)。《恩美卡尔与阿拉塔之主》的故事译本及注释见：Herman L. J. Vanstiphout, *Epics of Sumerian Kings: The Matter of Aratta* (Leiden: Brill, 2004)。

过去 20 年间，“乌鲁克扩张”始终是考古学界激烈辩论的焦点。学界关于这个现象的讨论主要源于幼发拉底河与底格里斯河上游的抢救性发掘。这些发掘揭示该地区与美索不达米亚冲积平原间联系之紧密，远超学者专家之前的猜测。Guillermo Algaze, *The Uruk World System: The Dynamics of Expansion of Early Mesopotamian Civilization* (Chicago: Chicago University Press,

1993) 借鉴了马克思理论对 15 世纪以来资本主义全球扩张的分析，对乌鲁克相关材料的广泛分布提出了系统性解释；另见该作者新著：*Ancient Mesopotamia at the Dawn of Civilization: The Evolution of an Urban Landscape* (Chicago/London: University of Chicago Press, 2008)。其他关于公元前四千纪城市化转型的研究更强调本地化进程而非跨区域影响，例如 Mitchell S. Rothman (ed.), *Uruk Mesopotamia and Its Neighbors: Cross-Cultural Interactions in the Era of State Formation* (Oxford/Santa Fe, NM: James Currey; School of American Research, 2001) 中的诸篇论文。关于印度河流域城市的发展概览，参见 Gregory L. Possehl, *The Indus Civilization: A Contemporary Perspective* (Walnut Creek, CA/Oxford: AltaMira, 2002)。

关于古代亚述与卡内什之间的商队贸易，参见 Klaas R. Veenhof, *Aspects of Old Assyrian Trade and Its Terminology* (Leiden: Brill, 1972)。关于公元前四千纪牵引与运输技术的革新，参见以下讨论：Andrew G. Sherratt, *Economy and Society in Prehistoric Europe: Changing Perspectives* (Edinburgh: Edinburgh University Press, 1997)，及其论文 Andrew Sherratt, 'La traction animale et la transformation de l'Europe néolithique.' in P. Pétrequin et al. (eds.), *Premiers chariots, premiers araires* (2006), 329–360。Roger (P.R.S.) Moorey, *Ancient Mesopotamian Materials and Industries:*

The Archaeological Evidence (Winona Lake, IN: Eisenbrauns, 1999) 一书中回顾了轮转技术在印章制造和陶瓷领域的应用发展。关于最早的美索不达米亚书写及其行政使用的背景研究，参见 Hans Nissen et al., *Archaic Bookkeeping: Early Writing and Techniques of Economic Administration in the Ancient Near East* (Chicago/London: University of Chicago Press, 1993)。关于在新石器时代向城市生活的转型过程中，印章使用、商品与消费关系的演变，参见 David Wengrow,'Prehistories of Commodity Branding', *Current Anthropology* 49 (2008): 7–34，该文不仅提供进一步的参考文献，还将古代社会与近现代社会做了比较。

其他参考文献包括：P. Ariès, *Western Attitudes toward Death: From the Middle Ages to the Present,* trans. Patricia M. Ranum (London: Marion Boyars, 1994); W. Benjamin,'The Work of Art in the Age of Mechanical Reproduction', in *Illuminations* (London: Pimlico, 1999 [1936]); B. R. Foster, *The Epic of Gilgamesh* (New York/London: Norton, 2001); A. McMahon and J. Oates,'Excavations at Tell Brak 2006–7', *Iraq* 69 (2007): 145–71; D. Miller, 'Ideology and the Harappan Civilization', *Journal of Anthropological Archaeology* 4 (1985): 34–71; N. Postgate, *Early Mesopotamia: Society and Economy at the Dawn of History* (New York: Routledge, 1996); D. Wengrow, *The Archaeology of Early Egypt: Social Transformations in North-East Africa, 10,000 to 2650 BC* (Cambridge: Cambridge University Press, 2006)。

第六章 从恒河到多瑙河：青铜时代

关于“欧亚大陆成矿带”的形成机制，参见 Slobodan Janković, ‘The Copper Deposits and Geotectonic Setting of the Tethyan Eurasian Metallogenic Belt’, *Mineralium Deposita* 12 (1977): 37–47。关于“三时代体系历史分期法”的起源研究见：Alain Schnapp, *The Discovery of the Past: The Origins of Archaeology* (London: British Museum Press, 1996)。

关于伊朗高原的城市发展，参见 Ali Hakemi, *Shahdad: Archaeological Excavations of a Bronze Age Center in Iran,* trans. S. M. S. Sajjadi (Rome: Ismeo, 1997); Carl C. Lamberg-Karlovsky, *Beyond the Tigris and Euphrates: Bronze Age Civilizations* (Beer Sheva: Ben-Gurion University of the Negev Press, 1996)。中亚“奥克苏斯河”或“巴克特里亚–马尔吉亚纳”文明的讨论见：Philip L. Kohl, *The Making of Bronze Age Eurasia* (Cambridge: Cambridge University Press, 2007); Fredrik T. Hiebert, *Origins of the Bronze Age Oasis Civilization in Central Asia* (Cambridge, MA: Peabody Museum of Archaeology and Ethnology, Harvard University, 1994)。关于波斯湾早期城市的发展，参见 Harriet

Crawford, *Dilmun and Its Gulf Neighbors* (Cambridge: Cambridge University Press, 1998)。关于这些区域与邻近区域的贸易关系，参见 Shereen Ratnagar, *Trading Encounters: From the Euphrates to the Indus in the Bronze Age* (New Delhi/Oxford: Oxford University Press, 2004)。关于度量衡标准的研究，参见 Alfredo Mederos and Carl C. Lamberg-Karlovsky, 'Converting Currencies in the Old World', *Nature* 411 (2001): 437; Lorenz Rahmstorf,'The Concept of Weighing during the Bronze Age in the Aegean, the Near East and Europe', in I. Morley and C. Renfrew (eds.), *The Archaeology of Measurement: Comprehending Heaven, Earth and Time in Ancient Societies* (Cambridge: Cambridge University Press, 2009)。

关于青铜技术的早期发展及其在旧大陆西部的选择性应用，详见 Lloyd Weeks, *Early Metallurgy of the Persian Gulf: Technology, Trade, and the Bronze Age World* (Boston/Leiden: Brill, 2003)。从苏美尔到爱琴海地区的青铜装饰用途，其图录与相关讨论参见：Joan Aruz (ed.), *Art of the First Cities* (New York: Metropolitan Museum of Art; New Haven, CT/London: Yale University Press, 2003)。关于将白银作为标准计量单位进行囤积与流通的文本证据，参见 Giovanni Pettinato, *Ebla: A New Look at History* (Baltimore: Johns Hopkins University Press,

1991)。关于神庙作为财富储备库与价值担保者的重要性，可参考 Morris Silver, *Economic Structures of the Ancient Near East* (London: Croom Helm, 1985)；以及 Edward Lipinski (ed.), *State and Temple Economy in the Ancient Near East* (Leuven: Departement Oriëntalistiek, 1979) 中的系列论文。青铜时代经济中私营企业的作用并非本书讨论范围，但可参阅 Michael Hudson and Baruch A. Levine, *Privatization in the Ancient Near East and Classical World* (Cambridge, MA: Peabody Museum of Archaeology and Ethnology, 1996)。

关于青铜时代欧洲温带金属窖藏的意义，参见 Anthony F. Harding, *European Societies in the Bronze Age* (Cambridge: Cambridge University Press, 2002)；关于恒河–亚穆纳河的铜器窖藏，参见 Paul Yule,'The Copper Hoards of Northern India', *Expedition* 39 (1997): 22–32。阿曼、阿富汗、高加索及洛雷斯坦地区金属器具在墓葬中的埋藏情况，主要记载于专业文献（部分列入下文“其他参考文献”）。遗憾的是，这些发现物极少来自科学发掘，多数通过不明渠道或民间渠道流入古董市场，其年代与出处至今依然是谜。

关于比布鲁斯和乌加里特神庙藏品的图录，参见 Claude Doumet-Serhal (ed.), *Decade: A Decade of Archaeology and History in Lebanon* (Beirut: Lebanese British Friends of the

National Museum, 2004)。城市扩张边缘地带金属窖藏的晚期欧亚案例，参见 Joan Aruz (ed.), *The Golden Deer of Eurasia: Scythian and Sarmatian Treasures from the Russian Steppes* (New York: Metropolitan Museum of Art, 2000); Peter Spufford, *Money and Its Use in Medieval Europe* (Cambridge: Cambridge University Press, 1987)。关于夸富宴的讨论，参见 Marcel Mauss, *The Gift: The Form and Reason for Exchange in Archaic Societies*, trans. from 1925 original by W. D. Halls (London: Routledge, 2002); Maurice Godelier, *The Enigma of the Gift*, trans. Nora Scott (Chicago: University of Chicago Press, 1999)。

其他参考文献包括：P. Beaujard, 'The Indian Ocean in Eurasian and African World-Systems before the Sixteenth Century', *Journal of World History* 16(4) (2005): 411–65; D. Boucher et al. (eds.), (2005) *The Philosophy of Enchantment: Studies in Folktale, Cultural Criticism, and Anthropology* (Oxford: Oxford University Press, 2005); J. S. Cooper, *Presargonic Inscriptions* (New Haven, CT: American Oriental Society; Winona Lake, IN: Eisenbrauns, 1986); C. Edens, 'Transcaucasia at the End of the Early Bronze Age', *Bulletin of the American Schools of Oriental Research* 299/300 (1995): 53–64; A. George, *House Most High: The Temples of Ancient Mesopotamia* (Winona Lake, IN: Eisenbrauns, 1993);

E. Haerinck and B. Overlaet, *Bani Surmah: An Early Bronze Age Graveyard in Pusht-i Kuh, Luristan* (Leuven: Peeters, 2006); S. Küchler, 'Sacrificial Economy and Its Objects', *Journal of Material Culture* 2 (1997): 39–60; G. Philip, 'Cypriot Bronzework in the Levantine World: Conservatism, Innovation and Social Change', *Journal of Mediterranean Archaeology* 4(1) (1991): 59–107; V. I. Sarianidi, *Die Kunst des alten Afghanistan: Architektur, Keramik, Siegel: Kunstwerke aus Stein und Metall* (Weinheim: VCH, 1986); C. F. A. Schaeffer, 'Ex Occidente Ars', in *Ugaritica VII* (Paris: Paul Geuthner; Leiden: Brill, 1978), 475–551; T. Stech and V. Pigott, 'The Metals Trade in Southwest Asia in the Third Millennium BC', *Iraq* 48 (1986): 39–64; C. P. Thornton, 'The Emergence of Complex Metallurgy on the Iranian Plateau: Escaping the Levantine Paradigm', *Journal of World Prehistory* 22 (2009): 301–27; G. Weisgerber and P. Yule,'The First Metal Hoard in Oman', in K. Frifelt and P. Sørensen (eds.), *South Asian Archaeology 1985* (London: Curzon Press, 1989), 60–1。《乌尔哀歌》等苏美尔文本的翻译见：J. A. Black et al., *The Electronic Text Corpus of Sumerian Literature* (Oxford, 1998–2006; http://etcsl.orinst.ox.ac.uk/)。

第七章　宇宙观与商业

关于古代美索不达米亚与埃及（及其他地区）神像观念的对比研究，参见 Michael B. Dick (ed.), *Born in Heaven, Made on Earth: The Making of the Cult Image in the Ancient Near East* (Winona Lake, IN: Eisenbrauns, 1999); Victor Hurowitz, 'What Goes in Is What Comes out: Materials for Creating Cult Statues', in Gary M. Beckman and Theodore J. Lewis (eds.), *Text, Artifact, and Image: Revealing Ancient Israelite Religion* (Providence, RI: Brown Judaic Studies, 2006)。关于埃及神庙神像的图录与研究，参见 Marsha Hill (ed.), *Gifts for the Gods: Images from Egyptian Temples* (New York: Metropolitan Museum of Art; New Haven, CT/London: Yale University Press, 2007)。

关于《阿特拉哈西斯》与《创世史诗》的翻译，参见 Stephanie Dalley, *Myths from Mesopotamia: Creation, the Flood, Gilgamesh, and Others* (Oxford/New York: Oxford University Press, 2000)；关于埃及宇宙观的研究，参见 James P. Allen, *Genesis in Egypt: The Philosophy of Ancient Egyptian Creation Accounts* (New Haven, CT: Yale University Press, 1988)。关于美索不达米亚"开口"仪式的深度分析，参见 Christopher Walker and Michael Dick, *The Induction of the Cult Image in Ancient Mesopotamia* (University of Helsinki: Institute for Asian and

African Studies, 2001)；关于埃及对应仪式（“开口”仪式）的研究，参见 Hans-W. Fischer-Elfert, *Die Vision von der Statue im Stein: Studien zum altägyptischen Mundöffnungsritual* (Heidelberg: Universitäts Verlag, 1998)；通俗的解读可参考：John H. Taylor, *Death and the Afterlife in Ancient Egypt* (London: British Museum, 2001)。关于跨文化的比较研究，参见 Irene Winter, 'Opening the Eyes and Opening the Mouth: The Utility of Comparing Images in Worship in India and the Ancient Near East', in M.W. Meister(ed.), *Ethnography and Personhood: Notes from the Field* (Jaipur/New Delhi: Rawat, 2000), 129–62。

关于神像供养仪式的研究，参见 Jan Quaegebeur, *Ritual and Sacrifice in the Ancient Near East* (Leuven: Peeters, 1993) 中的诸篇论文；Jean Bottéro, *The Oldest Cuisine in the World: Cooking in Mesopotamia*, trans. T. L. Fagan (Chicago/London: University of Chicago Press, 2004); Nicholas Postgate, *Early Mesopotamia: Society and Economy at the Dawn of History* (New York: Routledge, 1996), 119–22; Ursula Verhoeven, *Grillen, Kochen, Backen im Alltag und in Ritual Altägyptens: ein Lexikographischer Beitrag* (Bruxelles: Fondation Égyptologique Reine Élisabeth, 1984)。A. Leo Oppenheim,'The Care and Feeding of the Gods', in *Ancient Mesopotamia: Portrait of a Dead Civilization* (Chicago/London:

University of Chicago Press, 1977) 在这方面的研究仍具有奠基性意义。关于地中海区域的比较研究，参见 Marcel Detienne and Jean-Pierre Vernant, *The Cuisine of Sacrifice among the Greeks* (Chicago/London: University of Chicago Press, 1989)。

其他参考文献包括：Maurice Godelier, *The Enigma of the Gift*, trans. Nora Scott (Chicago: University of Chicago Press, 1999); S. N. Kramer, *History Begins at Sumer* (London: Thames and Hudson, 1961)。

第八章 国王的工作

出于简洁考虑，本书对美索不达米亚与埃及王权制度采取了标准论述。例如，我没有讨论美索不达米亚神权统治者的特殊案例，相关研究参见：Piotr Michalwoski 与 Irene Winter 的论文，载于 Nicole Brisch et al.(eds.), *Religion and Power: Divine Kingship in the Ancient World and Beyond* (Chicago: Oriental Institute Seminars, no. 4, 2008)。

一个多世纪前在埃及发现的“阿马尔那文书”，记录了古代近东统治家族之间以阿卡德楔形文字书写的外交信函。这些文书揭示了埃及、美索不达米亚及其周边地区宫廷间的正式交往模式，参见 Raymond Cohen and Raymond Westbrook (eds.), *Amarna Diplomacy: The Beginnings of International Relations*

(Baltimore: Johns Hopkins University Press, 2000)。关于美索不达米亚法典与司法实践关系的深入讨论，参见 Norman Yoffee, *Myths of the Archaic State* (Cambridge: Cambridge University Press), 100–12。相关史料的详细汇编参见：Raymond Westbrook, *A History of Ancient Near Eastern Law* (Leiden: Brill, 2003)。

关于美索不达米亚早期雕塑（包括乌尔南什浮雕板）的深入讨论，参见 Henri Frankfort, *The Art and Architecture of the Ancient Orient*, 5th edn. (New Haven, CT/London: Yale University Press, 1996)；关于乌尔纳姆纪念碑的研究，参见 Jeanny V. Canby, *The Ur-nammu Stela* (Philadelphia: University of Pennsylvania Museum of Archaeology and Anthropology, 2001)。关于古地亚神庙赞美诗的完整校勘本，参见 Dietz O. Edzard, *Gudea and His Dynasty* (Toronto: University of Toronto Press, 1997)；相关研究参见：Richard Averbeck, 'Sumer, the Bible, and Comparative Method: Historiography and Temple Building', in M. W. Chavalas and K. Lawson Younger Jr.(eds.), *Mesopotamia and the Bible: Comparative Explorations* (London: Sheffield Academic Press, 2002), 88–125。关于美索不达米亚神庙建筑的详细分析，参见 Henri Frankfort, *Pre-Sargonid Temples in the Diyala Region* (Chicago: University of Chicago Press, 1942)；通俗的概述可参考同一作者的 *Art and Architecture*, *op. cit*., 42–5。Kjeld Nielsen,

Incense in Ancient Israel (Leiden: Brill, 1986) 比较了香料在美索不达米亚与埃及两地的仪式性使用。

埃及王国统一进程及跨区域联系在该过程中的作用，详见 David Wengrow, *The Archaeology of Early Egypt: Social Transformations in North-East Africa, 10,000 to 2650 BC* (Cambridge: Cambridge University Press, 2006)。金字塔建筑群的发展轨迹（延续至古王国及之后时期）参见：I. E. S. Edwards, *The Pyramids of Egypt*, rev. edn. (London: Penguin, 1993); Mark Lehner, *The Complete Pyramids* (London: Thames and Hudson, 1997)。关于“金字塔城镇”以及相关丧葬祭祀，参见 Barry Kemp, *Ancient Egypt: Anatomy of a Civilization*, 2nd edn. (London: Routledge, 2006)。有关埃及古王国的 phyle 组织体系分析，参见：Ann Macy Roth, *Egyptian Phyles in the Old Kingdom: The Evolution of a System of Social Organization* (Chicago: Oriental Institute of the University of Chicago, 1991)。木乃伊制作、宗教雕像功能及墓葬文献发展的综合研究，参见 John H. Taylor, *Death and the Afterlife in Ancient Egypt* (London: British Museum Press, 2001); Sue D'Auria et al., *Mummies and Magic: The Funerary Arts of Ancient Egypt* (Boston: Museum of Fine Arts, 1988)。Christopher Eyre 在 *The Cannibal Hymn* (Liverpool: Liverpool University Press, 2002) 一书中提供了关于金字塔文中肉食祭祀与消费仪式的详细

研究。

其他参考文献包括：B. Anderson, *Imagined Communities* (London/New York: Verso, 1991); J. Assmann, *The Search for God in Ancient Egypt*, trans. D. Lorton (Ithaca, NY: Cornell University Press, 2001); J. Bottéro, *The Oldest Cuisine in the World: Cooking in Mesopotamia*, trans. T. L. Fagan (Chicago/London: University of Chicago Press, 2004); H. Frankfort, *Kingship and the Gods: A Study of Ancient Near Eastern Religion as the Integration of Society and Nature* (Chicago: University of Chicago Press, 1948); W. Helck, *Untersuchungen zu den Beamtentiteln des ägyptischen Alten Reiches* (Glückstadt/New York: J. J. Augustin, 1954); A. J. Mayer, *The Persistence of the Old Regime: Europe to the Great War* (New York: Pantheon, 1981); D. O'Connor,'Context, Function and Program: Understanding Ceremonial Slate Palettes', *Journal of the American Research Center in Egypt* 39 (2002): 5–25; B. Wells, 'Law and Practice', in D. C. Snell (ed.), *A Companion to the Ancient Near East* (Oxford: Blackwell, 2005); William II, German Emperor, *Das Königtum in alten Mesopotamien* (Berlin: Walter de Gruyter,1938)。吉萨高原的近期考古调查记录详见：http://aeraweb.org/projects/gpmp/（含相关项目链接）。

第九章　源自黑暗的启蒙

关于北欧地区古物研究与宪法关系的权威论述，参见 John G. A. Pocock, *The Ancient Constitution and the Feudal Law: A Study of English Historical Thought in the Seventeenth Century* (Cambridge: Cambridge University Press, 1957)。关于科学史前学在社会政治语境中的发展历程，见图文并茂的综论：Alain Schnapp, *The Discovery of the Past: The Origins of Archaeology* (London: British Museum Press, 1996)；对早期现代社会张力催生了“考古学想象”的深入分析，参见 Philip Schwyzer, *Archaeologies of English Renaissance Literature* (Oxford: Oxford University Press, 2007)。牛顿关于古代近东的著作可详见：http://www.newtonproject.sussex.ac.uk。关于芝加哥大学楣饰的深入讨论见：Mogens Larsen, ‘Orientalism and Near Eastern Archaeology’, in Daniel Miller et al. (eds.), *Domination and Resistance* (London: Unwin Hyman, 1989), 229–39。

其他参考文献包括：J. H. Breasted, *The Dawn of Conscience* (New York/London: Scribner, 1934); V. Gordon Childe, *New Light on the Most Ancient East: The Oriental Prelude to European Prehistory* (London: K. Paul, Trench, Trubner, 1934); *idem*, *Man Makes Himself* (London: Watts, 1936)；E. Said, *Orientalism: Western Conceptions of the Orient*, 4th edn.(London: Penguin, 1995)。

第十章　被摧毁的制度：法国大革命时期的埃及

法国大革命前后古埃及图像艺术的展示变化与调整，详见 James S. Curl, *Egyptomania: The Egyptian Revival* (Manchester: Manchester University Press, 1994); Jean-Marcel Humbert, *L'Égypte à Paris* (Paris: Action Artistique de la Ville de Paris, 1997); *idem* et al., *Egyptomania: Egypt in Western Art, 1730—1930* (Ottawa: National Gallery of Canada; Paris: Réunion des Musées Nationaux, 1994)。卢浮宫早期发展的经典研究包括：Cecil Gould, *Trophy of Conquest: The Musée Napoleon and the Creation of the Louvre* (London: Faber and Faber, 1965); Andreu Guillemette et al., *L'Égypte ancienne au Louvre* (Paris: Hachette, 1997); Andrew McClellan, *Inventing the Louvre: Art, Politics, and the Origins of the Modern Museum in Eighteenth-Century Paris* (Cambridge: Cambridge University Press, 1994)。对拿破仑埃及远征及其影响的深度讨论参见：Edward Said, *Orientalism: Western Conceptions of the Orient*, 4th edn. (London: Penguin, 1995); Patrice Bret, *L'expédition d'Égypte: une entreprise des lumières, 1798—1801* (Paris: Technique et Documentation, 1999); Terence M. Russell, *The Discovery of Egypt: Vivant Denon's Travels with Napoleon's Army* (Stroud: Sutton, 2005)。关于革命艺术与意识形态中女性符号的重要性，参见 Maurice Agulhon, *Marianne into Battle: Republican Imagery and Symbolism in France*, *1789—1880,* trans. Janet Lloyd (Cambridge: Cambridge University Press, 1981)。

其他参考文献包括：J. Assmann, *Moses the Egyptian: The Memory of Egypt in Western Monotheism* (Cambridge, MA/London: Harvard University Press,1997); P. Hughes,'Ruins of Time: Estranging History and Ethnology in the Enlightenment and After', in D. O. Hughes and T. R. Trautmann (eds.), *Time: Histories and Ethnologies* (Ann Arbor: University of Michigan Press, 1995), 269–90; J. Michelet, *History of the French Revolution*, trans. C. Cocks (Chicago/London: University of Chicago Press, 1967 [1879–80]); J-M. Moiret, *Memories of Napoleon's Egyptian Expedition*, trans. Rosmary Brindle (London: Greenhill, 2001 [1798–1801]); M. Ozouf, *Festivals and the French Revolution*, trans. Alan Sheridan (Cambridge, MA/London: Harvard University Press, 1988); C. F. Volney, *The Ruins, or, Meditation on the Revolutions of Empires* (Baltimore: Classic Press, 1991 [1890; 1791])。

插图来源说明

Picture Acknowledgements

图 1：Augusta McMahon and the Tell Brak Expedition

图 2：Krzysztof Ciałowicz and the Tell el-Farkha Expedition

图 3：National Museum, Damascus/Erich Lessing/akg-images

图 4：Institute of Archaeology, University College London

图 5：Ashmolean Museum, University of Oxford/The Bridgeman Art Library

图 6：The Petrie Museum, University College London

图 7：The Israel Museum, Jerusalem/The Bridgeman Art Library

图 8：The Trustees of the British Museum

图 9：after H. Frankfort, *Cylinder Seals* (London: Macmillan, 1938); P. Amiet, *La glyptique mésopotamienne archaïque* (Paris: CNRS, 1980)

图 10：Aleppo Museum/Philippe Maillard/akg-images

图 11：Erich Lessing/akg-images

图 12：Musée du Louvre Paris/Gianni Dagli Orti/ The Art Archive

图 13：Werner Forman Archive

图 14：after *Abhandlungen der Preussichen Akademie der Wissenschaften* 13 (1936); W. B. Emery, *The Tomb of Hemaka* (Cairo: Government Press, 1938)

图 15：Cuneiform Digital Library/Ashmolean Museum, University of Oxford

图 16：Ancient Egypt Research Associates

图 17：after R. Lepsius, *Denkmäler aus Ägypten und Äthiopien* (Leipzig: Hinrichs, 1913):

图 18：Special Collections Research Center, University of Chicago Library (apf2-05517)

图 19：Private collection/Dahesh Museum of Art, New York

图 20：Musée d'art moderne Richard Anacréon, Granville, France/ akg-images

译后记

Translator's Afterword

大概在20世纪90年代中期，我读书时的中学美术教材将法国拉斯科洞窟壁画（距今约15000年）称为人类最早的岩洞艺术，其中包括最早的动物壁画。1994年，三位洞穴探险家发现了肖韦岩洞（我到30多岁时才知道，这个岩洞距离我居住多年的法国城市里昂仅约200千米），它在2014年被列入世界遗产名录。该岩洞的岩画被认为是人类艺术起源的杰出见证，其年代距今最早约36000年，取代了拉斯科洞窟中的壁画，成为目前已知最古老的史前艺术。

世界真是奇妙——在我从青少年到中年的这段时光里，“已知最古老的岩画”这一纪录，一下子向前推进了2万多年。与此同时，我发现原来世界各地在史前时期的不同阶段都出现了独特的岩画艺术。它们的年代可能不及肖韦岩画久远，但艺术表现各具特色，令人震撼。无论是埃及沙漠岩洞中的游泳者形象，还是西班牙阿斯图里亚斯洞穴中的海洋生物壁画，都展现了人类早期独一无二、鲜活灵动的创造力。

如今，信息更迭的速度令人头晕目眩。科技进步在推动考古学不断突破边界的同时，也在重塑我们对人类文明史的认知。

作为一个普通个体，在这些年里，我的认知不断被刷新：除了上述法国拉斯科岩洞的“最古老”头衔被肖韦岩洞取代，在新月沃地（约 10000 年前）出现了小麦栽培的证据。在中国，上山遗址（距今约 11000~8500 年）出土了水稻驯化的最早证据，北京东胡林遗址（距今约 11000~9000 年）发现了最早的栽培粟遗存（植硅体证据），彩陶也在 9000 年前的上山文化桥头遗址出现。在我老家（杭州市萧山区城厢街道）附近的跨湖桥遗址（距今 8000~7000 年），出土了东亚最早的独木舟；河姆渡遗址（距今约 7000~5300 年）保存着中国最早的榫卯结构；仰韶文化（距今约 7000~5000 年）则孕育了黄河流域迄今发现最成熟的彩陶体系；距今 5300 年前，长江流域出现了良渚文化，它有着令人叹为观止的外围水利体系和精湛的玉器制作技术。

每一次认知的更新，都督促我不断追问何为文明，何为文化？肖韦岩洞上活灵活现的奔跑的马群、扭头回望的猫头鹰，跨湖桥遗址穿越了数千年的独木舟，西辽河流域文明中的玉

上山文化桥头遗址出土的太阳纹彩陶（图片由蒋乐平提供）

跨湖桥遗址出土的独木舟（图片由蒋乐平提供）

肖韦岩洞的猫头鹰岩画（摄影 Patrick Aventurier）

鸮，上山文化桥头遗址中彩陶上的太阳纹，这些跨越时空、遥相呼应的文明印记，其实都在验证着一件事。这也是作者在书中传达的一个重要意义：这些星星点点的人类文明存在的证据，每一次它们被偶然发现，都是前人在帮助我们修正对历史的认知，也是他们在给我们传达信息——人类文明的曙光，从来都不只是几颗零落的火星，而是满天星斗演变成多元绽放的万物黎明。古文明不仅隔着时空和我们对话，也在告诉我们：在某一时刻，它们也曾有过面对面的对话和交流，交相辉映。文明跨地域的互相辐射与借鉴，正是通过这种持续的对话和交流实现的。

作者在本书中对考古学历史中的西方中心主义进行了反思，颇具学术价值。当我们读到本书中文版时，东亚考古已取得诸多新进展，但在作者写作时，这些成果尚未被西方学界广泛认知和接纳（比如在当时，良渚、石峁、三星堆、上山等重大考古发现尚未形成国际学术话语）。因此，本书在写作和材料的运用上，存在一种难以避免的局限：作者虽能够打破成见，突破西方中心主义和亨廷顿提出的文明冲突论，敏锐指出新月沃地文明和周边文明的互相借鉴，但其论述仍以新月沃地及其周边文明为核心，未能充分纳入同期东亚文明的考古证据。遥远的东亚在这本书里是个模糊的影子。这一点令人惋惜，好在瑕不掩瑜，并不减损全书的核心贡献。

作者提到的一个观点令我深思：历史的进程实则是群体自下而上共同塑造的结果。近年来的考古研究发现，史前人类的分工远比我们传统上认知的复杂，最新研究表明，女性不仅同样会参与大型狩猎活动、使用弓箭，也同样是岩画等史前艺术的创作者。与此同时，对肖韦岩洞的手印分析显示，其创作者包括不同年龄段的多个个体，包括成年人与儿童。[①] 这些细节持续重塑我们对史前文明的理解，揭示出远比想象中更复杂的、高度协作与多元化的社会图景。文明本是由人民共同创造的，其存续更依赖不同社会的协作精神。面对当今的全球性危机，个体亟需联结，不同文明之间更需如史前人类那般相互借鉴、携手并进，方能应对人类共同面临的挑战，延续文明火种。跨湖桥遗址的那一叶独木舟，既见证了 8000 年前中华先民远征海洋的勇气，亦将激励我们驶向未来的浩瀚星辰。

文明的诞生与演进，也许正在于这种跨越时空的开拓与传承。

最后，我要感谢考古学家蒋乐平老师和友人孟鑫，虽然我们在日常生活中没有交集，但他们一直十分有耐心地回答我这个门外汉的问题。法国友人、考古学研究者马克西姆·博纳尔（Maxime Bonnal）也给我提供了无私帮助。考古人的热忱坦荡、赤子之心，让人感动。还要感谢各位友人：于同、魏凌漪、潘

---

① 参见 R. Haas, J. Watson, T. Buonasera, J. Southon, J. C. Chen, Sarah Noe, K. Smith, C. V. Llave, J. Eerkens, G. Parker, “Female hunters of the early Americas”, *Science Advances*, Vol.6, No.45, 2020; A. Anderson, S. Chilczuk, K. Nelson, R. Ruther, C. Wall-Scheffler, “The Myth of Man the Hunter: Women’s contribution to the hunt across ethnographic contexts”, *PLOS One*, June 28, 2023, https://doi.org/10.1371/journal.pone.0287101，校订内容参见 https://doi.org/10.1371/journal.pone.0287101; Dean R. Snow, “Sexual dimorphism in european upper paleolithic cave art.” *American Antiquity*, vol. 78, no. 4, 2013, pp. 746–61。

天成、鲁洪运、林诺舟、王蓓等，在我绞尽脑汁琢磨文本时，耐心聆听并提供建议。他们虽不知我具体在翻译什么书，却细致入微地解答我的提问，陪伴我完成了这本书的翻译。我还要感谢尉雅萍和吕凌燕，一直为我鼓励打气，支持我在孤单的翻译工作中保持斗志。

这样的工作过程也宛如一个印证：人类历史从不是孤独的征程，唯有协作方能同行。作为个体的我们更不可能单打独斗，团结才是文明持续的力量。

蔡琼华

2025 年 6 月于法国里昂